Falken + ASS
Spiel - Hobby - Spaß

Claus D. Grupp

Rommé und Canasta

in allen Variationen

Falken-Verlag · Niedernhausen/Taunus

ASS-Spiele · Leinfelden

Abbildungen: Joachim Stodtko, Kartenbeispiele von ASS
Gesamtherstellung: Konkordia GmbH, Bühl
Falken-Bestellnummer: ISBN 3 8068 2025 2
ASS-Bestellnummer: 9043/1

817 2635 4453 6271

Inhalt

Anstelle eines Vorworts

Mein Dank gilt

- den Vereinigten Altenburger und Stralsunder Spielkartenfabriken in Leinfelden bei Stuttgart, die mir den Zugang zur Bibliothek ihres ASS-Museums ermöglichten und alle Bildvorlagen für dieses Buch zur Verfügung stellten –
- dem Regency Whist Club in New York, vor allem seinem Sekretär Sam Fry, der mir das einzige noch verfügbare Exemplar der »Official Canasta Laws« seines Clubs zur Verfügung stellte –
- allen, die mit mir Rommé und Canasta gespielt und dadurch zum Gelingen dieses Buchs beigetragen haben, besonders meiner Frau, die das Manuskript nicht nur abgeschrieben, sondern auch kritisch durchgesehen hat.

Sollten Sie, lieber Leser, Fragen zum Inhalt dieses Buches haben oder Erfahrungen, die vom Inhalt dieses Buches abweichen, so wenden Sie sich bitte an den Verlag oder direkt an mich in 7064 Remshalden-Buoch. Ich freue mich über jede Zuschrift; sie könnte helfen, spätere Auflagen zu verbessern.

Und noch ein Wort zur Grammatik: Der Duden schreibt vor, daß Canasta ein Wort sächlichen Geschlechts sei, also »das Canasta« und nicht »der Canasta« benannt werde. Deshalb ist in diesem Buch von »das Canasta« und »ein gemischtes Canasta« und so weiter die Rede, obwohl es auch meinem Sprachgebrauch widerspricht.

Rommé

Man darf es mit gutem Recht behaupten: Rommé ist das meistgespielte Kartenspiel der Welt. Allerdings muß man einschränken: Nicht Rommé in der bei uns bekannten Form allein, sondern mit seinen vielen Abarten, vor allem mit den beiden berühmtesten Varianten, dem Canasta und dem Gin-Rummy.
Name und Schreibweise von Rommé legen den Schluß nahe, das Spiel sei französischen Ursprungs. Dem ist aber nicht so. Nirgendwo sonst auf der Welt heißt das Spiel so, nicht einmal in Frankreich selbst. Sein richtiger Name ist Rummy (gesprochen »rammi«). Den Deutschen war das breite »a« wohl nicht gesellschaftsfähig. Sie machten daraus das spitzmündige »ö« und sagten »Römmi«, was aber anscheinend immer noch nicht vornehm genug klang. Also französisierte man den Namen.
Über den Ursprung des Spiels gehen die Meinungen auseinander. Die einen halten Rommé für einen Abkömmling des alten spanisch-mexikanischen Spiels Conquian. Es soll heute noch in Mittelamerika unter dem leicht abgewandelten Namen Conquain (ai statt ia) bekannt sein. Conquain wurde zu Beginn unseres Jahrhunderts in britischen Spielklubs (z. B. dem Bath Club in Dover) unter dem Namen Coon-Can populär. Man spielte es um hohe Einsätze. Es hat in der Tat vieles gemeinsam mit den Regeln des Rommé. Über den Gewinn entscheidet der Besitz von wertgleichen Karten (z. B. drei oder vier Könige) oder von aufeinanderfolgenden Werten in gleicher Farbe (Sequenzen). Das Spiel wird an anderer Stelle in diesem Buch noch ausführlich beschrieben.
Andere wiederum sind der Ansicht, Rommé sei eine Entwicklung aus dem Poker. Dafür spricht, daß der Name Rummy zweifellos aus »Rum Poker« abgeleitet wurde. Poker seinerseits stammt dem Namen und den Regeln nach vermutlich vom uraltdeutschen »Bock-Spiel« ab. Es ist bei uns heute noch als Poch-Spiel bekannt. Seinen Namen hat es von der Bezeichnung Bock-Karte. So nennt man im süddeutschen Sprachraum und auch in der Schweiz und in Österreich jeden Kartenwert, der im Verlauf eines Spiels hoch und damit zur Stichkarte wird, weil die höheren Werte bereits gefallen oder gar nicht im Spiel sind. Beim Bockspiel kam es nun unter anderem darauf an, möglichst viele Bockkarten von gleichem Wert zu haben. Höchste Kombination war das vier-

fache »Gleich«, und dabei standen die vier Asse (Säue oder Sauen, wie man damals sagte) an der Spitze. Neben den Gleichs konnte man auch noch mit Sequenzen etwas gewinnen, also mit lückenlos aufeinanderfolgenden Kartenwerten. Jeder Teilnehmer erhielt fünf Karten, wie heute noch beim Pokern üblich. Das Poch- oder Bock-Spiel, das in Frankreich Poque hieß, soll im 19. Jahrhundert von europäischen Auswanderern in die Neue Welt gebracht und dort zum Poker geworden sein.

Das Prinzip, wonach wertgleiche oder aufeinanderfolgende Karten den Gewinn bestimmen oder zumindest beeinflussen, gilt aber auch in anderen Spielen aus allen Ecken der Erde. Wir kennen es aus dem chinesischen Mah-Jongg ebenso wie aus dem persischen As-Nas, aus dem italienischen Primero ebenso wie aus dem Schweizerischen Jaß, es spielt im französischen Brelan oder Boulotte wie im schwäbischen Binokel eine Rolle.

Aus Übereinstimmungen mit den Regeln älterer Spiele kann man also wohl auf eine geistige Verwandtschaft, aber nicht von vornherein auf ihre Vaterschaft zu unseren modernen Spielen schließen.

Als sicher gilt die Abstammung des Namens Rommé oder Rummy aus »Rum Poker«. So sollen Briten das Coon-Can getauft haben, weil es ähnlich wie Poker gespielt wurde, nur eben auf eine etwas wunderliche Art (rum und rummy bedeuten im Englischen soviel wie absonderlich, kurios). Nach einer anderen und ebenfalls glaubwürdigen Version entstand der Name Rum Poker, weil eine Poker-Variante um Drinks gespielt wurde, eben um eine Lage Rum. Ähnlich verhält es sich mit den Varianten Whiskey Poker und Gin Poker.

Wie es auch immer gewesen sein mag, jedenfalls wurde aus Rum-Poker Rummy, der Name des Spiels, das uns auf den nächsten Seiten beschäftigen soll.

Gleich in den ersten Jahren des 20. Jahrhunderts wurde Rummy in den USA zu einem der beliebtesten Gesellschaftsspiele. Varianten wie Straight Rummy oder Pinochle Rummy (auch Fünfhundert-Rommé genannt) waren die Favoriten. Nach dem Ersten Weltkrieg wurde das Spiel auf dem europäischen Kontinent bekannt und eroberte sich auch die Herzen der deutschen Kartenspieler. Freilich, zu einem regelrechten Rummy-Fieber wie in den USA kam es bei uns, im Land der traditionsreichen Kartenspiele Skat und Schafkopf, nicht.

Die Grundregeln von Rommé

Im Gegensatz zu Canasta gibt es für Rommé keine einheitlichen, verbindlichen Regeln. Das hat dazu geführt, daß im Laufe der Zeit viele Variationen entstanden sind, die sich zum Teil erheblich voneinander unterscheiden.
Im Mittelpunkt der Beschreibung sollen die Regeln stehen, die bei uns in Deutschland bekannt und üblich sind. Im Anschluß daran werden Varianten vorgestellt, die experimentierfreudigen und Abwechslung liebenden Rommé-Freunden empfohlen seien.
Zunächst aber sei beschrieben, was allen oder doch fast allen Rommé-Varianten gemeinsam ist.

Die Spielkarten

Sämtliche Rommé-Varianten kann man in zwei Gruppen einteilen: in Doppel-Spiele und Einfach-Spiele.
Für die Doppelspiele benützt man 104 Karten (2 × 52) und kann zusätzlich Joker (zwei bis sechs) verwenden. Einige Varianten werden sogar mit 3 × 52 Karten nebst Jokern gespielt.
Für die Einfachspiele nimmt man nur 52 Karten und gewöhnlich keine Joker.
Ob man Karten mit dem französischen Bild (auch als Skatkarte bekannt) oder mit dem internationalen Bild (Bridge- und Pokerkarte) benützt, ist Geschmacks- und Gewohnheitssache. Erhältlich sind hierzulande beide. Gewöhnlich sind bei uns als Rommé- und Canasta-Sets Doppelspiele mit französischem Bild im Handel. Wer das internationale Bild möchte, kaufe, wenn nicht anders zu haben, zwei Einzelspiele für Poker (52 Karten plus drei Joker) und mische diese zusammen.
Das komplette Spielblatt setzt sich aus den üblichen vier Farben Herz, Karo, Pik und Kreuz zusammen. Trümpfe oder einen sonstigen Vorrang einer Farbe vor anderen gibt es im Rommé nicht.

Jede der vier Farben enthält 13 Karten von unterschiedlichem Wert, und zwar die Augenkarten Zwei bis Zehn, die Bildkarten Bube, Dame und König sowie das As. Das As kann gewöhnlich ganz nach Belieben vor der Zwei oder nach dem König plaziert werden.

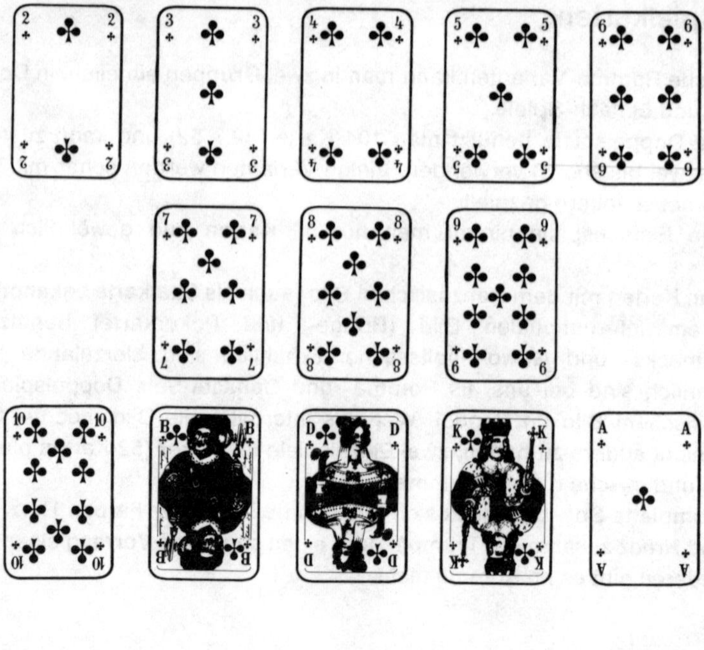

In den Spielen mit 104 (2 × 52) Karten ist jeder einzelne der 52 verschiedenen Werte doppelt vorhanden.
Jedem Spiel sind handelsüblich drei Joker beigepackt, dem Doppelspiel also sechs. Sie sehen so aus:

Joker können im Spiel an Stelle jeder beliebigen, fehlenden Karte eingesetzt werden. Sie sind also von ganz besonderem Wert.
Bei uns in Deutschland wird Rommé überwiegend mit 110 Karten gespielt, also mit 2 × 52 Karten plus sechs Jokern.

Die Zahl der Teilnehmer

Rommé kann man zu zweit, zu dritt, zu viert, zu fünft oder zu sechst spielen. Bestimmte Varianten, wie Gin-Rummy, sind reine Zweier-Spiele; bei anderen wiederum sollte man doch wenigstens zu dritt sein. Zu letzteren zählt auch unser deutsches Rommé, dem es (im Gegensatz zu Canasta) zu zweit gespielt an Reiz mangelt. Beim Spiel mit 3 × 52 Karten können auch mehr als sechs Teilnehmer mitmachen.
Neben den Zweier-Spielen sind Spiele zu viert am reizvollsten. Es gibt jedoch bei Rommé (wieder im Gegensatz zu Canasta) keine Partnerschaften im Viererspiel. Stets spielt jeder für sich allein auf eigene Rechnung. Die einzige Ausnahme bildet das Persische Rommé.
Bei den Beschreibungen der einzelnen Varianten wird jeweils erwähnt, für wie viele Teilnehmer sie geeignet sind.

Das Ziel des Spiels

Rommé ist ein reines Auslegespiel. Es werden also keine Stiche gemacht wie bei Skat oder Schafkopf oder Bridge. Vielmehr versucht jeder Spieler, aus seinen gegebenen Karten Kombinationen zu bilden, die er auslegen darf. Durch

Aufnehmen neuer und Abwerfen unpassender Karten müssen die Kombinationen möglichst rasch so vervollständigt werden, daß man alle oder (in einigen Varianten) fast alle Karten aus der Hand auslegen kann, ehe ein Gegner dazu in der Lage ist. Karten, die dann noch auf der Hand gehalten werden, werden den betreffenden Spielern als Minuspunkte angeschrieben.

Das Auslegen

Für das Auslegen (auch »Melden« genannt) sind zwei Arten von Kartenkombinationen erlaubt: Sätze und Folgen. In jedem Falle aber muß eine Kombination aus wenigstens drei Karten bestehen, um ausgelegt werden zu können. Weitere Einschränkungen werden unter den Regeln der jeweiligen Varianten erwähnt.

Sätze

Ein Satz ist eine Kombination aus drei oder vier Karten vom selben Rang, also beispielsweise lauter Könige oder lauter Siebener, aber von unterschiedlicher Farbe.

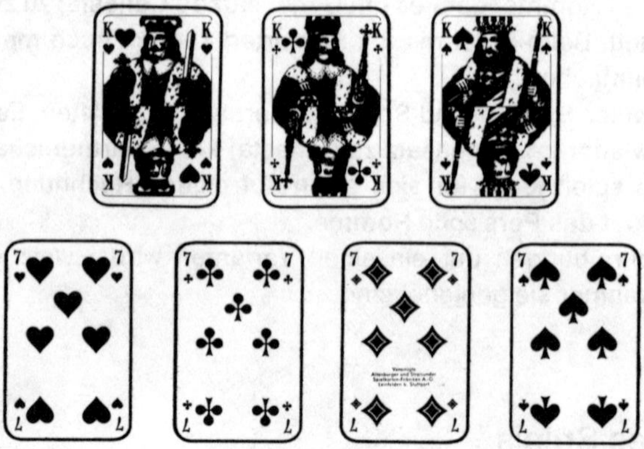

Für alle Rommé-Varianten schreiben die Regeln vor, daß in einem Satz nur je eine Karte von jeder Farbe enthalten sein darf. Da bei den Doppelspielen mit 104 Karten jeder der 52 Kartenwerte zweimal vorkommt, könnte man theore-

tisch beispielsweise auch aus zwei Herz-Zehnen und einer beliebigen weiteren Zehn eine Dreierkombination gleichrangiger Karten bilden. Das ist jedoch nach den Regeln nicht erlaubt.
Mitunter ist es aber erlaubt, an einen bereits ausgelegten Satz weitere Karten vom selben Rang auch dann anzulegen, wenn dadurch Farben doppelt zusammentreffen. Genaueres hierzu ist in den Beschreibungen der einzelnen Varianten erwähnt.

Folgen

Eine Folge ist eine Kombination aus wenigstens drei Karten, die in ihrem Rang lückenlos aufeinanderfolgen und (das ist absolute Bedingung) von gleicher Farbe sind. Statt Folgen werden solche Kombinationen auch Sequenzen genannt.
Die Karten Sieben — Acht — Neun, alle in Herz, sind beispielsweise eine solche Folge, während Sieben — Acht in Herz mit einer Neun aus anderer Farbe keine meldbare Sequenz bilden.

Das As kann in einer Sequenz sowohl auf den König folgen (Dame — König — As), als auch vor der Zwei als Eins stehen (As — Zwei — Drei usw.). Ausnahmen von dieser Regel werden an entsprechender Stelle erwähnt.

Mitunter kann das As in einer Folge auch in der Mitte stehen und so den Übergang vom König zur Zwei bilden (. . . – König – As – Zwei – . . .). Diese Folge »um die Ecke« ist jedoch in vielen Rommé-Varianten nicht erlaubt.

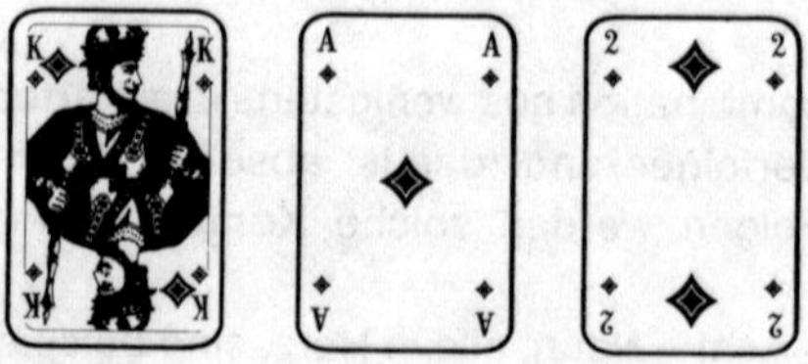

Die Erst-Auslage

Solange ein Spieler eine gleiche Anzahl von Karten auf der Hand hält, wie er sie beim Geben bekommen hat, solange er also noch nichts ausgelegt hat, muß er bestimmte Bedingungen beachten, die an die Erstauslage geknüpft sind.

So darf er in jedem Fall nur komplette Sätze aus wenigstens drei Karten auf den Tisch legen. Darüber hinaus kann für die Erstauslage auch noch verlangt werden, daß entweder

a) eine bestimmte Mindestpunktzahl (Summe der Augenwerte der ausgelegten Karten) erreicht wird, oder

b) eine bestimmte Mindestzahl an Karten (z. B. sechs) ausgelegt wird, oder

c) nur sämtliche Handkarten auf einmal oder alle bis auf einen geringen, genau vorgeschriebenen Rest auf den Tisch gelegt werden dürfen.

Genaueres zu diesen Bedingungen wird an betreffender Stelle in den Beschreibungen der Varianten erwähnt.

Das weitere Auslegen

Jeder Spieler, der seine Erstauslage hinter sich hat, darf für gewöhnlich im weiteren Verlauf der Spielrunde beliebig viele weitere Karten auslegen, sooft er an der Reihe ist; sie müssen nur entweder
a) weitere Sätze oder Folgen bilden, nun jedoch von beliebigem Punktwert, oder
b) an bereits ausgelegte Kombinationen passen, auch an solche, die ein Gegner auf den Tisch gelegt hat; dabei dürfen auch einzelne Karten angelegt werden.
Abweichungen von diesen Regeln werden an passender Stelle in den weiteren Beschreibungen genannt.

Die Rolle des Jokers

Der Joker ist eine universell verwendbare Figur, die jede gewünschte, aber fehlende Karte in einer Kombination ersetzen kann. Sie ist also Gold wert. Hat beispielsweise jemand die Herz-Zehn nebst Herz-Dame und Herz-König auf der Hand, so kann er damit allein noch nichts anfangen. Es fehlt der Herz-Bube in der Mitte als Bindeglied für die lückenlose Sequenz. Besitzt der Spieler nun aber einen Joker, kann er ihn an Stelle des Herz-Buben in die Lücke setzen und Zehn — Joker — Dame — König als Folge auslegen.

Ebensogut könnte er den Joker zum Herz-As erklären und die Folge Dame — König — Joker auslegen, müßte dann aber die Zehn auf der Hand behalten. Wie als Lückenbüßer in einer Sequenz, kann der Joker auch zur Vervollständigung eines Satzes dienen. Ein Beispiel: Jemand hat Herz-Fünf und Pik-Fünf auf der Hand und zusätzlich einen Joker; er kann diese drei Karten als Satz auslegen. Er muß aber angeben, welche Farbe der Joker ersetzt, ob er also an Stelle des Kreuz- oder des Karo-Fünfers steht.

Selbstverständlich kann der Joker auch als vierte Karte einen Dreiersatz oder etwa als fünfte Karte eine Viererfolge ergänzen. Es sei aber erwähnt, daß in einigen Rommé-Varianten Joker überhaupt nicht verwendet werden. Solche Zusatzregeln werden jeweils an geeigneter Stelle erwähnt.

Das Rauben ausgelegter Joker

Jeder ausgelegte Joker kann im weiteren Verlauf des Spiels gegen die Karte ausgetauscht werden, die er vertritt. Berechtigt dazu ist jeder, der diese Karte besitzt, sofern er seine Erstauslage schon auf dem Tisch hat und an der Reihe ist. Aus einer aufgelegten Herz-Folge Acht—Neun—Joker—Bube kann jemand, der die Herz-Zehn besitzt, den Joker rauben und dafür die passende Zehn hinlegen. Den geraubten Joker muß er nun für weitere eigene Auslagen verwenden oder an beliebige andere Kombinationen auf dem Tisch anlegen.

Der Zählwert der Karten

Jede der 13 Karten einer Farbe hat einen bestimmten Zählwert (auch »Augen« genannt), der bei bestimmten Gelegenheiten von Bedeutung ist, z. B. um festzustellen, ob eine Kombination eine geforderte Mindestpunktzahl erreicht, oder um zu berechnen, wieviel Punkte ein Verlierer auf der Hand hält, nachdem ein anderer das Spiel beendet hat. Einige Karten haben beim Auslegen eine andere Punktzahl als beim Berechnen der Minuspunkte auf der Hand.

Es zählen für das Auslegen:

- sämtliche Bilder (also Bube, Dame, König) 10 Punkte;
- alle Nichtbilder soviel, wie die aufgedruckte Augenzahl angibt, also die Zwei 2 Punkte, die Drei 3 Punkte und so weiter bis zur Zehn, die soviel zählt wie ein Bild;

- das As entweder 11 Augen, wenn es zusammen mit einem König ausgelegt werden kann (auch wenn danach die Zwei folgen sollte), jedoch nur 1 Auge, wenn es als Anfang einer Sequenz vor der Zwei steht;
- der Joker zählt bei der Berechnung der Auslegepunkte stets soviel wie die Karte, die er gerade vertritt; als dritter König in einem Satz gilt er also 10 Augen, als Drei in der Pik-Folge Zwei — Joker — Vier nur 3 Augen.

Es zählen als Minuspunkte auf der Hand:

- sämtliche Bilder 10 Punkte;
- alle Nichtbilder entsprechend ihrer Augenzahl;
- das As gewöhnlich 11 Augen, jedoch nur 1, wenn es den jeweiligen Regeln entsprechend in Sequenzen nur vor der Zwei, aber nicht nach dem König stehen darf; Genaueres ist in den einzelnen Spielbeschreibungen erwähnt;
- der Joker meistens 20 Punkte, selten 40.

Das Aufnehmen und Abwerfen von Karten

Jeder Spieler erhält beim Geben eine bestimmte Anzahl von Karten. In den meisten Fällen sind es 10 oder 13. Wie viele es im Einzelfalle sind, wird in der Beschreibung jeder Variante erwähnt.
Die restlichen Karten kommen gestapelt als Talon auf die Tischmitte, mit den Rückseiten nach oben. Die oberste Talonkarte wird vom Geber umgedreht und offen neben den Stapel gelegt. Darauf werden im Verlauf des Spiels alle weiteren abgeworfenen Karten offen hingelegt.
Jeder Spieler muß, sooft er an der Reihe ist, eine Karte aufnehmen und eine unpassende Karte wieder abwerfen, solange das Spiel nicht zu Ende ist. Bei einigen Varianten werden jeweils zwei Karten aufgenommen.
Wer aufnehmen muß, kann entweder die offene Karte nehmen, die sein unmittelbarer Vorgänger (oder bei Spielbeginn der Geber) abgelegt hat, oder statt dessen die oberste Karte des Talons. Für was er sich auch entscheidet, er kann seine Wahl nicht rückgängig machen. Hat er beispielsweise die oberste Karte des Talons genommen und stellt fest, daß sie ihm noch weniger in die Hand paßt als die oberste offene Karte des Ablegestoßes, so muß er sie trotzdem behalten.
Wer eine Karte aufgenommen hat, muß dafür eine andere (oder dieselbe) aus der Hand abwerfen und sie offen als oberste auf den Ablegestoß legen.
In einigen Varianten ist es erlaubt, unter besonderen Bedingungen auch außerhalb der Reihe eine soeben abgelegte Karte aufzunehmen. In anderen

Spielarten ist es Vorschrift, statt einer zwei Karten aufzunehmen. Entsprechendes wird an der jeweiligen Stelle der Beschreibungen erwähnt.

Aufgebrauchter Talon

Sollte einmal der Talon aufgebraucht sein, ehe ein Spiel zu Ende gegangen ist, so werden die abgeworfenen Karten gemischt, abgehoben und umgedreht als neuer Talon auf den Tisch gelegt. Das Mischen besorgt der letzte Geber. Sein rechter Nachbar hebt ab.
Es kann auch vereinbart werden, daß ein Spiel automatisch zu Ende sein soll, sobald der Talon verbraucht ist. Dann gewinnt derjenige das Spiel, der die wenigsten Punkte in der Hand hält.

Mischen und Geben

Alle Karten müssen vor jedem Verteilen gründlich gemischt werden. Das ist eigentlich selbstverständlich, muß in diesem Falle aber eigens betont werden. Mitunter erlebt man es nämlich, daß nur die ausgelegten Karten flüchtig gemischt und auf den Stapel der bisher unbenutzten Restkarten gelegt werden, bevor neu gegeben wird. Dadurch kommt es vor, daß man rundenlang immer nur mit der obersten Hälfte der Karten spielt, während der untere Teil des Stapels unberührt bleibt. Überdies bleiben bei oberflächlichem Mischen die zuvor ausgelegten Kombinationen oft erhalten, so daß sie beim Geben erneut ausgeteilt werden, was einigen Spielern unberechtigte Vorteile verschaffen könnte. Deshalb müssen stets alle Karten sorgfältig gemischt werden. Das fällt bei über 100 Karten nicht jedem leicht. Man kann deshalb eine einfache Mischmethode wählen, die auch Croupiers in Spielbanken beim Mischen der Baccara-Karten anwenden: Alle Karten auf dem Tisch ausbreiten und durch »Rühren« ordentlich durcheinanderbringen.
Nach dem Mischen läßt man abheben, gewöhnlich durch den rechten Nachbarn des Gebers. Dadurch werden die Karten zusätzlich gemischt. Der obere, abgehobene Teil kommt nach unten, der zuvor untere Teil kommt nach oben und wird zum Austeilen benützt. Man sollte es sich angewöhnen, das Abheben bei jedem Kartenspiel zur Pflicht zu machen.
Der erste Geber wird, wenn nicht anders vereinbart, durch Los bestimmt: Vom

gemischten Paket wird jedem Spieler eine Karte offen zugeteilt. Wer in der Runde die höchste Karte erhält, wird erster Geber.
Gegeben wird im Uhrzeigersinn. Die Karten werden einzeln ausgeteilt, so daß zunächst jeder Spieler seine erste, danach jeder seine zweite Karte erhält und so weiter. Auf diese Weise wird verhindert, daß eventuell noch vorhandene ungemischte Kartenkombinationen vom Vorspiel an einen einzelnen geraten. Die Zahl der zu gebenden Karten wird in den Beschreibungen der Spiele jeweils erwähnt.
Die nach dem Geben übrigen Karten werden gestapelt in die Tischmitte gelegt, mit den Rückseiten nach oben. Die oberste Karte dieses Talons wird vom Geber abgenommen und umgedreht, also offen neben den Stapel auf den Tisch gelegt. Sie bildet die unterste Karte für den später entstehenden Abwurfstoß.
Nach Ende der Spielrunde teilt der nächste, links vom ersten Geber sitzende Spieler die Karten für die zweite Runde aus. Die Pflicht zu geben wechselt also im Uhrzeigersinne von Spieler zu Spieler. Ausnahmen von dieser Regel (z. B. bei Gin Rummy) werden jeweils erwähnt.

Deutsches Familien-Rommé (Rommé mit Auslegen)

Es sei noch einmal betont: Feststehende Regeln für Rommé gibt es noch nicht. Die folgende Beschreibung des Spielablaufs gibt wieder, wie Rommé nach meiner jahrzehntelangen Erfahrung und nach Lektüre zahlreicher in- und ausländischer Regelsammlungen häufig in deutschen Familien gespielt wird. Abweichende oder zusätzliche Privatregeln sind nicht selten. Wer sich mit Freunden zu einer Partie Rommé trifft, sollte deshalb vor Spielbeginn klären, was erlaubt und was verboten sein soll.

Teilnehmer und Zubehör

Man sollte mindestens zu dritt und höchstens zu sechst spielen. Zu zweit ist Rommé etwas eintönig, wenigstens in der hier zunächst beschriebenen Form. Als Zweierspiele eignen sich besser Gin-Rummy oder Canasta.
Ideal sind Spielrunden mit drei, vier oder fünf Teilnehmern. Partnerschaften gibt es nicht. Jeder spielt für sich allein.
Gespielt wird mit dem Doppelpaket von 2 × 52 Karten und zusätzlich sechs Jokern, insgesamt also mit 110 Karten. Die Zahl der Joker kann nach Vereinbarung verringert werden. Gelegentlich wird mit vier oder gar nur mit zwei Jokern gespielt.
Jeder Spieler erhält beim Geben 13 Karten, in der Weise, wie es in den Grundregeln beschrieben ist.

Spielbeginn

Der Spieler in Vorhand, der links vom jeweiligen Geber sitzt, eröffnet das Spiel. Gewöhnlich wird er noch nicht gleich in der Lage sein, seine sämtlichen Karten in Sätzen und Folgen auszulegen (Hand-Rommé zu machen). Er wird

also zunächst einmal weitere Karten brauchen, um halbfertige Kombinationen, die er beim Geben erhielt, zu vervollständigen.
Zu diesem Zweck kann er entweder die vom Geber umgedrehte Karte aufnehmen und seinem Blatt einverleiben, oder er nimmt statt dessen die unbekannte oberste Karte des Talons. Wählen kann er nur eines von beiden, und er muß bei seiner Wahl bleiben. Er wird die offene Karte nehmen, wenn sie ihm ein vorhandenes Paar zu einem Dreiersatz ergänzt oder eine Sequenz verlängert. Paßt die offene Karte jedoch nicht ins Handblatt, wird er die oberste Karte des Talons aufnehmen. In diesem Falle wird die Karte aber nicht offen gezeigt, sondern so ins Handblatt gesteckt, daß kein anderer sie erkennen kann.
Nach dem Aufnehmen muß eine Karte abgeworfen werden, so daß die Hand wieder auf die anfänglichen 13 Karten verkürzt wird. Abgeworfene Karten werden offen neben dem Talon aufgestapelt.
Danach ist der linke Nachbar an der Reihe und kann wählen zwischen der soeben abgelegten Karte seines Vorgängers oder der obersten Karte des Talons. Auch alle folgenden Spieler haben diese Wahl, doch darf stets nur die oberste Karte des Abwurfstoßes oder die oberste Karte des Talons genommen werden. Früher abgeworfene Karten müssen liegenbleiben.

Auslegen

Ein Spieler kann, wenn er an der Reihe ist, Meldungen auslegen, also Sätze oder Folgen aus wenigstens drei Karten. Allerdings muß er für die Erstmeldung Karten im Gesamtwert von 40 oder mehr Punkten auslegen. Wer diese Schallmauer noch nicht erreicht, muß seine Karten weiterhin auf der Hand behalten. Die Zählwerte der einzelnen Karten sind im Kapitel »Der Zählwert der Karten« zu finden.
Wer also beispielsweise die wunderschöne Sequenz Zwei—Drei—Vier—Fünf—Sechs—Sieben—Acht in einer Farbe auf der Hand haben sollte, könnte nur 35 Punkte auslegen und müßte deshalb mit der Erstmeldung warten, bis er entweder auch noch die gleichfarbige Neun bzw. einen Joker oder aber zusätzlich einen Satz aus drei gleichrangigen Karten bilden kann, z. B. aus drei Vierern in verschiedenen Farben.
Von großem Vorteil ist es also, wenn man frühzeitig Sequenzen oder Sätze aus den hochwertigen Karten (Zehn, Bube, Dame, König, As) bilden kann.

= 40 Punkte

= 42 Punkte

Wer seine Erstmeldung mit 40 Punkten hinter sich hat, darf danach beliebig viele weitere Karten auslegen, so oft er an der Reihe ist. Er kann dann also

a) weitere Sätze oder Folgen auslegen, auch wenn sie weniger als 40 Punkte zählen, oder

b) an bereits ausgelegte Meldungen passende Einzelkarten anlegen, auch an Meldungen der Gegner.

Liegt also beispielsweise auf dem Tisch die Herz-Folge Sechs – Sieben – Acht – Neun, so kann ein Spieler, der an der Reihe ist und seine Erstmeldung hinter sich hat, die Herz-Fünf oder die Herz-Zehn an die Sequenz anlegen und, so er hat, auch weitere passende Herzkarten.

Dreiersätze können auf gleiche Weise zu Vierersätzen ergänzt werden. Es ist aber nicht erlaubt, daß in einem ausgelegten Satz Karten doppelt vorkommen. An den Satz aus den drei Königen in Herz, Karo und Pik kann also nur der fehlende Kreuz-König angelegt werden, nicht aber ein weiterer König in Herz, Karo oder Pik. Aus ihnen muß, wenn möglich, ein weiterer Satz gebildet werden.

Um es zweifelsfrei zu sagen: Zur Erstmeldung dürfen nur vollständige Sätze und Folgen ausgelegt werden, nicht aber, um auf die nötigen 40 Punkte zu kommen, zusätzlich auch noch Einzelkarten an Meldungen von Gegnern. Sobald aber jemand seine 40 Punkte vor sich liegen hat, kann er, so er hat, sofort weitere und auch einzelne Karten an beliebige andere Meldungen anlegen.

Joker

Die sechs im Spiel befindlichen Joker sind, wie schon erwähnt, universell verwendbare Karten. Sie können an die Stelle jeder beliebigen Karte treten, die man zum Auslegen gerade benötigt. Dabei können auch mehrere Joker gleichzeitig ausgelegt werden.
Hat man beispielsweise die Pik-Karten Sieben, Acht und Bube auf der Hand und daneben zwei Joker, so kann man die Folge Sieben—Acht—Joker—Joker—Bube melden. Die Joker ersetzen die fehlenden Pik-Karten Neun und Zehn.
Gewöhnlich werden in Rommé-Beschreibungen keine Beschränkungen in der Verwendung des Jokers erwähnt. Solange, wie früher üblich, nur zwei Joker im Spiel waren, konnte es auch kaum zu Unklarheiten kommen. Bei Verwendung von sechs Jokern aber kann es durchaus zweifelhafte Situationen geben. Ist es beispielsweise erlaubt, drei Joker alleine ohne Begleitkarte auszulegen, oder zwei oder drei Joker mit nur einer natürlichen Karte zu kombinieren?
Ich schlage deshalb vor, in der Spielrunde zu vereinbaren, daß Joker nur ausgelegt werden dürfen, wenn sie von wenigstens zwei natürlichen Karten begleitet sind. So können beispielsweise zwei verschiedenfarbige Könige mit einem oder auch mit zwei Jokern zu einem Dreier- oder Vierersatz ergänzt

werden, aus zwei verschiedenwertigen Karten von gleicher Farbe kann mit einem, zwei oder mehr Jokern eine Folge gebildet werden. Joker können also in einer Meldung durchaus in der Mehrzahl sein, doch müssen in jeder Meldung wenigstens zwei natürliche Karten ausgelegt werden.
Ausgelegte Joker können von dem Spieler, der die entsprechende natürliche Karte besitzt, geraubt werden. Allerdings muß der raubende Spieler selber schon Meldungen ausgelegt haben, und er muß an der Reihe sein, eine Karte aufzunehmen. Er tauscht dann einfach die natürliche Karte gegen den Joker aus, den er nun in seinen Besitz nehmen darf. Wenn möglich, darf er auch mehrere Joker zugleich rauben.
Dieses Rauben von Jokern gilt nicht als Aufnahme einer Karte. Der Räuber muß also außerdem auch noch die oberste Karte vom Talon oder vom Abwurfstoß nehmen und hierfür eine Karte abwerfen.
Liegt ein Joker in einer Sequenz, ist es eindeutig, welche Karte er vertritt. Anders in einem Dreier-Satz. Um Mißverständnissen vorzubeugen, sollte deshalb beim Auslegen von zwei gleichwertigen Karten mit einem Joker erklärt werden, welche Karte der Joker ersetzt. Ein Beispiel: Es werden ausgelegt Herz-König, Pik-König, Joker. Der Melder muß nun sagen, ob der Joker den Kreuz-König oder den Karo-König vertritt. Nur der genannte König kann dann später mit dem Joker getauscht werden. Der vierte König jedoch könnte nur an den Satz angelegt werden, wobei der Joker liegenbleiben müßte.
Mitunter gilt als Regel, daß geraubte Joker sofort wieder mit passenden Handkarten ausgelegt oder an vorhandene Meldungen angelegt werden müssen. Diese Einschränkung halte ich nicht für sinnvoll. Man sollte als vereinbart gelten lassen, daß geraubte Joker auch auf der Hand gehalten werden dürfen. Da sie bei der Endabrechnung erhebliche Minuspunkte bringen, wenn sie nicht ausgelegt sind, wird jeder Spieler ohnehin bestrebt sein, Joker so rasch wie möglich auf den Tisch zu bringen.
Gelegentlich gilt auch als erlaubt, daß Joker von Spielern geraubt werden dürfen, die noch nicht ausgelegt haben. In solchem Falle soll der Joker dann sofort nach dem Rauben zur Erstmeldung benützt werden. Auch diese Vereinbarung halte ich nicht für spielgemäß. Sie benachteiligt den, der als erster auslegt, und gibt den folgenden Spielern einen erheblichen, aber unberechtigten Vorteil.

Ausmachen

Sobald jemand alle 13 Karten in eigenen Meldungen ausgelegt oder an fremden Meldungen angelegt hat, ruft er »Rommé!« und kündet damit das Ende

dieser Spielrunde an. Er kann das aber nur, wenn er an der Reihe ist, eine Karte aufgenommen hat, dafür eine Karte wieder abwirft und die restlichen Karten aus- oder anlegen kann.
Die Regel, daß zuletzt noch eine Karte abgeworfen werden muß, sollte strikt eingehalten werden, und zwar auch in Rommé-Varianten, in denen man mit Restkarten auf der Hand ausmachen darf. In der hier als erstes beschriebenen Form kann aber, wie schon gesagt, nur derjenige ausmachen, der seine sämtlichen Karten los wird.

Ausmachen mit Hand-Rommé

Ein Hand-Rommé erreicht derjenige, der, ohne vorher gemeldet zu haben, sämtliche 13 Karten aus seiner Hand auf einmal auslegen (oder aus- und anlegen) kann. Es handelt sich also um eine Erstmeldung mit allen Karten. Für diesen Fall gilt jedoch die Ausnahme, daß die sonst geforderten 40 Punkte nicht erreicht werden müssen. Man kann also auch mit einer geringeren Punktzahl Hand-Rommé machen, muß dann jedoch alle Karten in eigenen Meldungen auslegen. Wer 40 oder mehr Punkte ausgelegt hat, darf weitere Karten auch an Meldungen der Gegner anlegen.
Macht jemand Hand-Rommé mit den anfänglich gegebenen Karten, bevor er eine erste Karte vom Talon oder Abwurfstoß aufnimmt, so darf er keine Karte abwerfen. Hat er jedoch schon ein- oder mehrmals Karten aufgenommen, muß er auch zum Ausmachen mit Hand-Rommé eine Karte abwerfen. Mit anderen Worten: Auch bei Hand-Rommé werden genau 13 Karten ausgelegt.
Auch hier trifft man in manchen Spielerrunden auf die verschärfende Regel, daß Hand-Rommé nur ganz zu Anfang gemacht werden darf, also ehe der betreffende Spieler eine erste Karte zusätzlich aufgenommen hat. Diese Regel ist untypisch für Rommé und nimmt dem Spiel viel von seinem Reiz.
Hand-Rommé bringt dem gewinnenden Spieler einen erheblichen Vorteil, weil Minuspunkte seiner Gegner in diesem Falle verdoppelt werden.

Die Abrechnung

Sobald ein Spieler »Rommé!« gerufen und ausgemacht hat, ist die Runde zu Ende. Niemand darf danach noch Karten aus- oder anlegen. (Das gilt nur für die hier beschriebene Form von Rommé. In einigen Varianten gelten andere Regeln, die an gegebener Stelle erläutert werden.)

Der Gewinner geht aus dieser Runde mit null Punkten hervor. Für jeden anderen Spieler werden die Augen der Karten, die er noch nicht abgelegt hat, zusammengezählt und als Minuspunkte notiert. Dabei zählt, wie schon erwähnt, das As stets 11 Punkte. Alle Bilder sind 10 Minuspunkte wert, die übrigen Karten nach ihrer aufgedruckten Augenzahl. Joker auf der Hand werden mit 20 Minuspunkten bewertet.
Karten, die jemand rechtzeitig vorher ablegen konnte, werden nicht bewertet. Es kommt also bei Rommé überhaupt nicht darauf an, möglichst hochwertige Auslagen zu machen, sondern möglichst rasch alle Karten loszuwerden.
Macht jemand mit Hand-Rommé aus, so werden jedem Gegner die Minuspunkte aus dieser Runde verdoppelt.
Die Minuspunkte werden in einer Spielliste notiert und addiert. Sobald ein Spieler eine zu Anfang vereinbarte Summe erreicht hat (z. B. 500), ist die Partie zu Ende. Es gewinnt also derjenige, der die wenigsten Punkte auf seinem Konto hat.
Statt vom Erreichen einer bestimmten Punktzahl kann man das Ende der Spielpartie auch von der Zeit abhängig machen. Man vereinbart beispielsweise eine Gesamtspielzeit von zwei, drei oder vier Stunden.
Wenn um Geld gespielt wird, erfolgt die Endabrechnung nach diesem Beispiel:
Spieler A hat 220 Punkte, B 360, C 140 und D 500 Punkte. Man rechnet nun für jeden Spieler die Differenz zu den Punktzahlen seiner Gegner aus und rechnet sie zusammen.

Für A ergibt sich folgende Rechnung:

Punktstand	220	
Differenz zu B	+140	
Differenz zu C	— 80	
Differenz zu D	+280	
Endwert:	+340	(nämlich 140 — 80 + 280)

Für B sieht die Rechnung so aus:

Punktstand:	360
Differenz zu A:	—140
Differenz zu C:	—220
Differenz zu D:	+140
Endwert:	—220

Die Endrechnung für C:

Punktstand:	140
Differenz zu A:	+ 80
Differenz zu B:	+220
Differenz zu D:	+360
Endwert:	+660

Und für D ergibt sich dieser Endstand:

Punktstand:	500
Differenz zu A:	−280
Differenz zu B:	−140
Differenz zu C:	−360
Endwert:	−780

Wurde vereinbart, um einen halben Pfennig pro Punkt zu spielen, so müssen B 1,10 DM (220 : 2 Pfennige) und D 3,90 DM bezahlen, während A 1,70 DM und C 3,30 DM erhalten.

Abweichende und zusätzliche Regeln

Weil Rommé bislang noch keine einheitlichen Regeln hat, sind privaten oder lokalen Sonderregelungen Tür und Tor geöffnet. Einige der häufigsten Abweichungen von der bisher beschriebenen Spielform werden im folgenden erwähnt.

Es bleibt privater Vereinbarung überlassen, welche dieser Sonderregelungen erlaubt sein sollen und welche nicht. Man einige sich vor Spielbeginn.

1. Klopfen: Auch jemand, der nicht an der Reihe ist, darf eine soeben abgelegte Karte aufnehmen, wenn er sie haben möchte. Um seinen Anspruch anzumelden, klopft er auf den Tisch. Klopfen mehrere, so erhält derjenige die Karte, der als erster die Faust auf den Tisch schlug, nach anderer Vereinbarung derjenige, der näher zur Linken des Abwerfers sitzt. Wer auf diese Weise zu einer Karte gelangt, muß aber zusätzlich zwei verdeckte Karten vom Talon nehmen. Oft wird erschwerend vereinbart, daß nur geklopft werden darf, wenn die gewünschte Karte zu einer sofortigen Meldung ausgelegt werden kann. Rommé mit Klopfen wird vor allem in Familien mit Kindern gern gespielt, weil es mehr Jux als Spiel ist. Ernsthaften Naturen ist es nicht zu empfehlen.

2. Zur Erstmeldung werden nur 30 statt 40 Gesamtpunkte benötigt. Das erleichtert das Auslegen ungemein, weil nun ein Dreiersatz oder eine Dreiersequenz aus zehnpunktigen Karten bereits zur Erstauslage berechtigen. Wenn kleinere Kinder am Spiel teilnehmen, halte ich diese Vereinbarung für angebracht. Ansonsten vereinfacht sie das Spiel über Gebühr.

3. Beim Auslegen von Sequenzen kann das As nur entweder als Anfang vor der Zwei oder als Ende nach dem König stehen, nicht aber in der Mitte zwischen König und Zwei. Diese Einschränkung halte ich zwar für sinnvoll, ein Verzicht darauf verändert den Spielablauf aber nicht gravierend.

4. In Sätzen dürfen Kartenwerte auch doppelt vorkommen. Diese Zusatzregel kann allgemein gelten, so daß schon in einem Dreiersatz ein Wert doppelt

erscheinen darf (z. B. Herz-König, Herz-König, Pik-König), oder sie kann eingeschränkt werden, so daß nur an einen Vierersatz aus verschiedenen Farben beliebige weitere Karten von gleichem Rang angelegt werden dürfen, so daß Sätze bis auf acht Karten erweitert werden können. Die allgemeine Gültigkeit dieser Regel ist nicht wünschenswert. Sie verwässert das Spiel und macht es zu leicht.

5. Hand-Rommé gilt nur, wenn der Spieler sämtliche 13 Karten melden kann, die er beim Geben erhielt, ohne auch nur ein einziges Mal eine Karte vom Talon oder vom Abwurfstoß aufgenommen zu haben. Diese Zusatzregel halte ich für unsinnig in allen Rommé-Varianten, in denen Meldungen nach und nach ausgelegt werden dürfen.

6. Bei Hand-Rommé darf man, wenn nötig, auch die soeben gezogene 14. Karte zur Meldung benützen. Man muß also nicht, wie sonst beim Ausmachen, eine Karte abwerfen. Nach meiner Erfahrung kommt man selten in eine solche Notlage. Man bildet Meldungen aus Dreiersätzen und Dreierfolgen. Jede vierte und weitere Karte an einer solchen Meldung kann beim Ausmachen ebensogut abgeworfen wie angelegt werden. Wozu also die Sonderregel?

7. Die oberste Karte des Abwurfstoßes darf nur genommen werden, wenn sie sofort anschließend zusammen mit anderen Karten aus der Hand ausgelegt werden kann. Sonst muß die oberste Karte des Talons genommen werden. Diese Regel, die für das Canastaspiel von großer Bedeutung ist, hat im Romméspiel keinen bemerkenswerten Einfluß. Sie verzögert das Spiel und macht es auf eine unerfreuliche Art schwer und schleppend.

8. »Rommé« darf gerufen werden, wenn man neben den ausgelegten Meldungen noch einige Karten von geringem Restwert auf der Hand zurückbehalten muß, die nicht an- oder ausgelegt werden können. Dieser Rest darf eine vorher vereinbarte Punktsumme nicht überschreiten. Zehn Punkte werden beispielsweise als obere Grenze für den Rest festgelegt, doch können auch beliebige niedrigere Werte vereinbart werden.
Diese Zusatzregel hat in der soeben beschriebenen Spielform von Rommé eigentlich nichts zu suchen. Sie gehört in andere Varianten, bei denen während des Spiels nicht ausgelegt werden darf. Dort hat sie ihre Berechtigung. An anderer Stelle dieses Buches wird darüber ausführlich berichtet.
In allen Spielformen, in denen nach und nach ausgelegt werden darf, sollte nur derjenige ausmachen dürfen, der alle Karten aus der Hand ohne Rest aus- und anlegen kann, wobei er die überzählige 14. Karte abwerfen muß.

9. Statt sechs werden weniger Joker ins Spiel genommen, z. B. nur vier oder zwei. Das ist Geschmackssache. Das Spiel wird dadurch erheblich erschwert. Es kommt vor, daß sich rundenlang überhaupt kein Joker zeigt. Der Joker wird dadurch in einem ungehörigen Maß zur Zufalls- und Glücksfigur.

10. Statt sechs werden mehr Joker ins Spiel genommen. So können beispielsweise sämtliche Zweier zu »wilden« Karten ernannt werden, die dann in gleicher Weise wie Joker eingesetzt werden dürfen. Diese aus dem Canastaspiel kommende (und dort vernünftige) Regel hat im Rommméspiel nichts zu suchen. Wenn von 110 Karten 10 oder gar 14 jokerähnlich sind, verlangt das Spiel andere Regeln.

11. Joker zählen bei der Abrechnung 40 statt 20 Punkte, wenn sie nicht ausgelegt sind. Man bestraft damit das Zurückhalten von Jokern nach meinem Empfinden über Gebühr. 20 Minuspunkte sollten genug sein.

12. Um die nötigen 40 Punkte für die Erstauslage zusammenzubekommen, darf man neben Sätzen und Folgen auch Einzelkarten an Meldungen von Gegnern anlegen. Diese Zusatzregel ist unfair. Sie bringt dem, der als Zweiter oder Dritter meldet, erhebliche Vorteile gegenüber dem, der als Erster auslegt.

13. Der Spieler rechts vom Geber, der nach dem Mischen abhebt, dreht den abgehobenen Teil um und zeigt die unterste Karte. Ist es ein Joker, darf er ihn behalten und wird beim anschließenden Geben zu Anfang einmal übersprungen. Ähnliche Regelungen sind auch in anderen Spielen üblich, z. B. beim Watten. Sie sind recht lustig, aber nicht ganz fair.

Internationale Rommé-Spiele

Bisher wurden die allgemeinen Grundregeln für Rommé beschrieben sowie die Regeln für jene Spielform, die in der Bundesrepublik Deutschland am beliebtesten ist. Daneben gibt es aber Dutzende anderer Spielweisen, die nicht weniger reizvoll sind. Auch für sie gilt die Einschränkung, daß allgemein gültige Regeln noch nicht aufgestellt wurden.
Die folgenden Beschreibungen sollen deshalb mehr als Richtlinien denn als Vorschriften betrachtet werden. Individuellen Änderungen und Zusätzen steht nichts im Wege, wenn sie den privaten Spaß am Spiel fördern.
Wenn Sie die Beschreibungen lesen, werden Sie feststellen, daß die Änderungen gegenüber der eingangs beschriebenen Spielform von Rommé beileibe nicht geringfügig und nebensächlich sind, sondern den Spielverlauf z. T. erheblich verändern. Die Grundregeln des Spiels, die unverändert bleiben, werden im folgenden nicht mehr erwähnt. Es wird also nur beschrieben, was sich gegenüber der nun schon bekannten Spielweise ändert.

Die Doppel-Spiele

Als erstes seien alle jene Varianten von Rommé beschrieben, die mit mindestens zwei Spielen zu je 52 Karten nebst Jokern gespielt werden. Wenn man sie nach ihren Unterschieden gliedern wollte, könnt man folgende Merkmale als häufig wiederkehrend einstufen:

a) Das Auslegen von Meldungen nach und nach ist erlaubt.

b) Das Auslegen nach und nach ist nicht erlaubt. Man darf also nur Hand-Rommé machen, jedoch gewöhnlich auch dann, wenn man einen geringen, genau festgelegten Rest von Karten auf der Hand behält.

c) Das Rauben bleibt auf den Joker beschränkt.

d) Unter bestimmten Bedingungen können auch beliebig andere ausgelegte Karten geraubt werden.

e) Das Spiel wird durch »Rommé!«-Ruf schlagartig beendet.

f) Das Spielende wird durch Klopfen eine Runde vorher angekündigt.

Wiener Rummy (Rommé ohne Auslegen)

Auch in Österreich ist Rommé sehr beliebt, wird aber etwas anders gespielt als in Deutschland (man sagt hier: Rummy). Manche der abweichenden Regeln sind aber auch bei uns hierzulande bekannt. Ganz so exakt kann man also die Grenzen zu anderen Ländern auf diesem Gebiet nicht ziehen.

Man spielt mit 106 Karten, nimmt also nur vier Joker ins Spiel. Drei bis sechs Spieler können teilnehmen. Jeder Spieler erhält 13 Karten. Mancherorts wird aber auch nur mit 10 Karten gespielt.

Meldungen werden nicht nach und nach ausgelegt, vielmehr wird das Spiel stets durch Auslegen auf einen Schlag beendet. Dabei sind zwei Varianten üblich: Rommé mit Anbieten und Rommé mit Klopfen.

Rommé mit Anbieten

Vor Spielbeginn wird vereinbart, mit welcher Restpunktzahl jemand Rommé bieten darf. Jeder Spieler ist nämlich berechtigt, »Rommé!« zu rufen und damit

die Runde zu beenden, wenn er so viele Karten auf einen Schlag in Meldungen auslegen kann, daß die Restkarten in seiner Hand zusammen eine bestimmte Punktzahl nicht überschreiten.
Neun Restpunkte gelten als oberste Grenze, werden aber nur beim Spiel mit Anfängern oder mit Kindern vereinbart. Je niedriger die Grenze gesetzt wird, um so schwerer und spannender wird das Spiel. Man kann die Restpunktzahl bis auf Null verringern, was bedeutet, daß nur derjenige Rommé bieten darf, der sämtliche Handkarten in Meldungen ablegen kann (bis auf die eine natürlich, die er noch abwerfen muß).
Sobald jemand Rommé geboten hat, legen auch die übrigen Spieler ihre Karten hin, um die Zahl ihrer Minuspunkte zu ermitteln.
Der Joker auf der Hand wird dabei unter vielen Spielern mit 40 Minuspunkten bewertet, die übrigen Karten wie üblich: As mit 11, alle Bilder mit 10 Punkten, die übrigen Karten entsprechend ihren Augen.
Der Rommé-Bieter erhält seine Restpunkte als Minuspunkte.

Rommé mit Klopfen

Sobald ein Spieler ausmachen kann, klopft er auf den Tisch. Kann er sämtliche Karten in Meldungen auslegen (und eine Karte abwerfen), so ist er »glatt«, er klopft also »mit Null« (mit null Restaugen). In diesem Falle legt er die Karten sofort auf. Alle übrigen Spieler müssen die Zählwerte ihrer Karten als Minuspunkte verbuchen.
Möchte ein Spieler mit Restpunkten ausmachen, so klopft er und sagt seine Punktzahl an, z. B. »Rommé mit vier!«, legt aber seine Karten noch nicht aus. Jeder Spieler nach ihm darf nun noch einmal eine Karte kaufen, entweder vom Talon oder die abgelegte Karte des Vordermannes, und eine dafür abwerfen. Erst danach legt der Klopfer, der seinerseits keine Karte mehr nachkaufen darf, seine Meldungen aus. Die übrigen Spieler berechnen ihre Minuspunkte.
Geklopft werden darf mit einer Restpunktzahl von höchstens fünf Augen. Außerdem muß vor dem Klopfen jeder Spieler wenigstens einmal eine Karte aufgenommen und dafür eine abgeworfen haben.
Wird ein Spieler, nachdem ein anderer geklopft hat, durch den Nachkauf glatt oder kann er mit geringerer Restpunktzahl Rommé bieten, so kann er seinerseits klopfen und seine Meldungen auslegen. Nun gewinnt er die Runde.

Zusatzregeln

Rommé-Hand: Kann ein Spieler Rommé bieten, bevor er die erste Karte vom Talon aufgenommen hat, legt er seine Meldungen sofort aus, sobald er das

erste Mal an der Reihe wäre, eine Karte zu kaufen. Die Minuspunkte der Gegner zählen doppelt.
Rommé mit Auslegen: Man kann die Spielweisen des Rommé-Bietens und des Klopfens auch mit der bekannten Form des teilweisen Auslegens verbinden. Jeder, der Meldungen von wenigstens 40 (oder, je nach Vereinbarung, auch 30) Gesamtpunkten auf der Hand hat, darf sie auslegen, wenn er an der Reihe ist. Man kann auch vereinbaren, daß solche Meldungen zwar nicht ausgelegt werden, aber auch nicht als Minus gelten, wenn man sie bei Spielschluß auf der Hand hält. Das Klopfen verliert dadurch aber viel von seinem Reiz.

Abrechnung

Abgerechnet wird entweder durch Anschreiben der Punkte oder durch sofortiges Bezahlen.
Beim Anschreiben werden am Ende jeder Runde die Minuspunkte jedes Spielers in eine Liste eingetragen. Wer 101 oder mehr Punkt erreicht hat, scheidet als »Toter« aus. Es wird weitergespielt, bis nach und nach alle bis auf einen ausscheiden mußten. Dieser Überlebende erhält den Kasseninhalt.
Zusätzlich zum Endgewinn wird nach jeder Runde das Klopfgeld bezahlt. Seine Höhe wird zugleich mit der Höhe des Grundeinsatzes vor Spielbeginn vereinbart. Das Klopfgeld beträgt gewöhnlich ein Fünftel oder ein Viertel des Einsatzes.
Da es bei dieser Art des Rommèspielens nicht selten vorkommt, daß jemand bereits nach der ersten oder zweiten Runde ausscheiden muß, ist es üblich geworden, Toten den Rückkauf ins Spiel zu gestatten. Es gibt verschiedene Formen des Wiedereinstiegs. Ein Toter nimmt beispielsweise wieder am Spiel teil, wenn er einen Betrag in die Kasse zahlt, der dem augenblicklichen Kasseninhalt, geteilt durch die Zahl der lebenden Spieler, entspricht. Außerdem fängt er in der Liste nicht wieder bei Null an, sondern erhält als Startminus das arithmetische Mittel der übrigen Spieler. Stehen beispielsweise noch drei Lebende mit den Punktzahlen 39, 68 und 91 in der Liste, so erhält der Rückkäufer 39 plus 68 plus 91 geteilt durch 3, also 198 : 3 = 66 Punkte. Man kann auch vereinbaren, daß ein rückkehrender Toter mit der höchsten Punktzahl anfangen muß, die einer der Lebenden hat, in diesem Falle also mit 91. Rückkauf ist mehrmals möglich.
Bei fortschreitendem Spiel wird den Ausscheidenden der Wiedereinstieg bald zu teuer und zu riskant, vor allem, wenn einer der Lebenden eine sehr geringe, die anderen aber eine hohe Punktzahl haben.
Auch Freikauf ist möglich: Hält ein Spieler am Ende einer Runde 81 oder mehr Augen auf der Hand, so kann er sich freikaufen. Er zahlt einen vereinbarten

Betrag in die Kasse, und seine Handpunkte aus dieser Runde werden gestrichen. Ganz ungerupft kommt er freilich nicht davon: In der Liste wird er mit einer Gesamtpunktzahl weitergeführt, die der höchsten Punktsumme eines noch Lebenden entspricht. Dieser Freikauf ist jedem Spieler aber nur einmal pro Partie erlaubt.

Einfacher als die Listenführung ist die Bezahlung nach jeder Runde. Der Gewinner erhält in diesem Falle von jedem Mitspieler einen Betrag, der sich nach der jeweiligen Zahl an Minuspunkten richtet. Man kann z. B. einen halben Pfennig pro Punkt vereinbaren. Das Klopfgeld entfällt. Bei Hand-Rommé werden die Beträge verdoppelt.

Räuber-Rommé

Eine lustige, mitunter stürmisch verlaufende Variante des Romméspiels ist Räuber-Rommé.

Man spielt mit 2 × 52 Karten und nimmt zusätzlich zwei Joker ins Spiel. Wenn mehr als zwei Joker aufgenommen werden, verliert das Spiel an Reiz.

Am Spiel können drei bis sechs Räuber teilnehmen; bei dieser Spielvariante ist aber sogar das Spiel zu zweit und zu mehr als sechst noch unterhaltsam.

Jeder Spieler erhält 13 Karten. Man kann – und der Versuch lohnt sich! – Räuber-Rommé aber auch einmal mit nur 10 Karten pro Spieler probieren.

Gespielt wird nach den Regeln des »Rommé mit Auslegen«. Teilweises Melden ohne Ausmachen ist also erlaubt, wenn die Erstmeldung mindestens 40 Punkte erreicht. Es gelten aber folgende Zusatzregeln:

a) Eine vom Vordermann abgelegte Karte darf nur aufgenommen werden, wenn sie sofort wieder in Meldungen ausgelegt oder an Meldungen angelegt werden kann.

b) Die zur Erstmeldung nötigen 40 Punkte müssen nicht in eigenen Sätzen und Folgen erreicht werden. Man kann zusätzlich zu eigenen Meldungen schon beim Erstauslegen Einzelkarten an fremde Meldungen anlegen.

c) Ein Spieler darf, wenn er die Erstmeldung hinter sich hat, nicht nur ausgelegte Joker rauben, sondern auch andere Karten aus Meldungen, die er zu eigenen Meldungen verwenden kann.

Dieser letzte und spielbestimmende Punkt bedarf einer ausführlicheren Erläuterung. Das Rauben von ausgelegten Karten, dem die Variante seinen Namen verdankt, muß nach Regeln geschehen:

- Man darf Karten aus ausgelegten Meldungen rauben, wenn mindestens drei Restkarten liegenbleiben. Aus einem Dreiersatz oder einer Dreierfolge kann also keine Karte geraubt werden. Von vier gemeinsam gemeldeten

Karten kann eine, von fünf können höchstens zwei geraubt werden, und so weiter. Durch das Rauben dürfen also keine unvollständigen Sätze oder Folgen zurückbleiben.

- Eine Ausnahme zu dieser Regel erlaubt das Rauben kompletter Meldungen. Man darf also entweder eine ausgelegte Meldung so weit schröpfen, daß wenigstens drei Karten liegenbleiben, oder man muß sie komplett rauben.
- Geraubte Karten müssen sofort wieder in Meldungen ausgelegt werden. Man darf sie also weder zu den Handkarten stecken, noch abwerfen.

Ein paar Beispiele sollen die Raub-Regeln verdeutlichen. Nehmen wir an, ein Satz aus den vier Königen in Pik, Kreuz, Herz und Karo liege auf dem Tisch. Ein Spieler hat Herz-Dame und Herz-As auf der Hand. Er raubt den Herz-König und legt ihn zusammen mit Dame und As als neue Folge aus. Drei Könige, also ein kompletter Satz sind liegengeblieben, drei Karten konnten sofort als Folge ausgelegt werden.

Oder: Wieder liegen die vier Könige außen. Ein Spieler hat zwei verschiedene Könige auf der Hand, sagen wir: Herz-König und Pik-König. Er raubt aus dem Vierersatz entweder den Kreuz- oder den Karo-König und bildet mit ihm einen neuen Dreiersatz.

Ein weiteres Beispiel: Es liegt die Folge Drei — Vier — Fünf — Sechs — Sieben in Herz auf dem Tisch. Rauben darf man entweder die Drei oder Drei und Vier gemeinsam, oder vom anderen Ende die Sieben oder Sieben und Sechs gemeinsam. Mitten aus einer Folge darf natürlich nichts herausgenommen werden, sonst würden ja Reste zurückbleiben, die aus weniger als drei Karten bestehen. Die Drei kann man mit zwei anderen Dreiern auslegen, Drei und Vier mit einer eigenen Fünf.

Und noch ein Beispiel mit Joker: Die gleiche Folge enthält einen Joker, besteht also beispielsweise aus Drei — Joker — Fünf — Sechs — Sieben in Herz. Man kann nun den Joker rauben, wenn man die Herz-Vier besitzt und sie gegen den Joker austauscht. Hat man aber nur die Herz-Zwei auf der Hand, so raubt man die Drei samt dem Joker und legt alles zusammen als neue Herzfolge aus. Das gleiche könnte man tun, wenn man die zweite Herz-Fünf besäße. Mit der Herz-Vier wäre es natürlich auch möglich, nicht nur den Joker einzutauschen, sondern statt dessen Drei und Joker zu rauben und eine neue Folge Drei — Vier — Joker zu bilden, falls man sich davon mehr Vorteile versprechen darf als vom einfachen Tausch.

Ein anderes Beispiel: Auf dem Tisch liegt die Herzfolge Drei — Vier — Fünf. Ein Spieler hat Herz-Zwei, Pik-Fünf und Kreuz-Fünf. Er raubt die Herz-Fünf, legt aber zugleich vor die Drei seine Herz-Zwei, so daß der Rest auf die nötigen drei Karten ergänzt wird. Die drei Fünfer legt er als neue Meldung aus.

Und ein letztes Beispiel: Drei Buben in Herz, Karo und Pik liegen aus. Ein Spieler hat den Kreuz-Buben sowie die Zehn und die Dame in Herz. Er raubt den kompletten Dreiersatz, kombiniert Karo- und Pik-Buben mit seinem eigenen Kreuz-Buben zu einem neuen Satz und bildet aus dem restlichen Herz-Buben zusammen mit Zehn und Dame eine neue Folge.
Das Spiel ist beendet, sobald jemand alle Karten aus seiner Hand losgeworden ist. Dabei gilt häufig als vereinbart, daß eine letzte Karte nicht abgeworfen werden muß, sondern ebenfalls zum Aus- oder Anlegen benützt werden darf. Diese Sonderregel, die in anderen Varianten kaum eine Bedeutung hat, kann beim Räuber-Rommé mitunter spielentscheidende Bedeutung haben.

Krambambuli

Krambambuli ist eine zum Kinderspiel vereinfachte Variante von Räuber-Rommé. Man verwendet 104 Karten, nimmt also keine Joker ins Spiel. Am besten spielt man zu viert. Jeder Teilnehmer erhält 11 Karten.
Wer an der Reihe ist, nimmt eine Karte vom Talon, wirft aber keine ab. Man kann also nur vom Talon Karten ziehen, da sich kein Abwurfhaufen bildet.
Gemeldet und ausgelegt werden die üblichen Rommé-Kombinationen, also Sätze und Folgen aus wenigstens drei Karten. Wer eine eigene Meldung ausgelegt hat, darf beliebig viele passende Karten auch an fremde Meldungen anlegen, so oft er an der Reihe ist. Außerdem darf nach den Regeln von Räuber-Rommé geraubt werden.
Sobald ein Spieler alle Karten losgeworden ist, ruft er »Krambambuli!«. Alle übrigen Spieler zählen nun die Minuspunkte ihrer Handkarten zusammen. Es zählen: Asse und alle Bilder 10 Punkte, die Augenkarten entsprechend ihrer Augenzahl (also Zweier = 2, Dreier = 3 und so weiter).
Das Spiel ist zu Ende, wenn jemand nach mehreren Spielrunden 500 Punkte erreicht oder überschritten hat. Es kann auch eine beliebige andere Punktzahl als Spielschluß vereinbart werden. Sieger ist, wer die wenigsten Punkte auf seinem Konto hat.

Amerikanisches Continental Rummy

Wir kommen nun zu den Spielen, die nicht nur außerhalb der deutschen, sondern auch außerhalb der europäischen Grenzen bekannt und beliebt sind. Am

Anfang steht die Beschreibung einer Spielform, die von Kanada über die USA bis Mexiko und teilweise bis Südamerika sehr beliebt ist.
Man spielt mit 2 × 52 Karten, ohne Joker! Im Gegensatz zu europäischen Spielformen wird in den Ländern in Übersee Rommé häufig ohne Joker und wilde Karten gespielt.
Die Teilnehmerzahl kann zwischen zwei und sechs variieren. Am besten spielt man zu viert oder fünft.
Jeder Teilnehmer erhält 15 Karten. Man muß es wiederholen: Fünfzehn! Also nicht die üblichen 13. Gegeben werden fünfmal drei Karten.
Das Ziel des Spiels ist, wie schon bekannt, das Auslegen von Meldungen, und zwar, wie gehabt, von Dreier- oder Vierersätzen oder von Folgen aus drei oder mehr Karten gleicher Farbe.
Nach dem Geben wird die oberste Karte des Talons nicht umgedreht und offen aufgelegt. So kann Vorhand zu Beginn des Spiels nicht wählen, sondern nur die oberste Karte des Talons aufnehmen. Nachdem Vorhand eine Karte abgeworfen hat, haben alle folgenden Spieler die Wahl zwischen der abgelegten Karte ihres Vorgängers oder der obersten Karte des Talons. Abgeworfene Karten werden stets offen hingelegt, also mit der Bildseite nach oben.
Meldungen werden nicht nach und nach ausgelegt. Vielmehr behält jeder Spieler seine Karten auf der Hand, bis einer »Rommé!« bieten kann.
Wer »Rommé!« bietet, muß seine sämtlichen Karten in Meldungen auslegen, ohne einen Rest auf der Hand zu halten. Die 16. Karte wirft er ab.
Alle übrigen Spieler legen nun der Reihe nach ihre eigenen Meldungen ab, sofern sie welche auf der Hand haben. Anlegen an fremde Meldungen ist dabei aber nicht erlaubt!
Zur Abrechnung werden Restpunkte dem Besitzer als Minus, zugleich aber dem Gewinner als Plus angeschrieben. Das folgende Beispiel zeigt das Anschreiben für eine Viererrunde. Das erste Spiel gewann B (ihm wird die Summe der Minuspunkte von A, C und D gutgeschrieben), die zweite Runde gewann D.

	A	B	C	D
1. Runde:	–21	+68	–13	–34
2. Runde:	– 8	–19	–24	+51
Stand nach Runde 2:	–29	+49	–37	+17

Nach vier Runden ist eine Partie gewöhnlich zu Ende (falls nichts anderes vereinbart wurde). Der Spieler mit der größten Pluspunktzahl ist Sieger. Wird um Geld pro Punkt gespielt, muß abgerechnet werden. Dabei wird der Punkte-

stand jedes Spielers mit dem seiner Gegner verglichen; die Differenzen werden summiert.
Wäre beispielsweise in der obigen Tabelle nach der zweiten Spielrunde Schluß gewesen, so hätte sich folgende Endabrechnung ergeben:

	A	B	C	D
Endstand:	–29	+49	–37	+17
Differenzen:	–78	+78	– 8	+46
	+ 8	+86	–86	–32
	–46	+32	–54	+54
	–116	+196	–148	+68

Spieler A zahlt für 116 Punkte, C für 148, zusammen 264, Spieler B erhält für 196, D für 68, zusammen 264. Es kann jedoch auch vereinbart werden, daß nur der Spieler mit der höchsten Punktzahl ausbezahlt wird, entweder von allen anderen oder nur von dem Spieler mit der niedrigsten Punktzahl.

Oklahoma Rummy

Dies ist eine Rommé-Variante, die deutliche Einflüsse von Canasta zeigt.
Man spielt mit 2 × 52 Karten, ohne Joker. Aber alle acht Zweier sind wilde Karten, das heißt, sie können auf gleiche Art eingesetzt werden wie ein Joker.
Am Spiel können sich zwei bis sechs Leute beteiligen. Am besten ist das Spiel zu viert.
Jeder Spieler erhält 13 Karten, die einzeln ausgeteilt werden. Nach dem Geben wird die oberste der Talonkarten umgedreht und offen neben den Reststapel gelegt.
Jeder Spieler hat bei der Aufnahme von Karten die Wahl zwischen der obersten Karte des Talons oder dem ganzen Stapel der zuvor abgeworfenen Karten.
Nimmt er die oberste Talonkarte, darf er anschließend melden, wenn er es möchte, er muß es aber nicht. Abschließend wirft er eine Karte ab.
Wählt er aber die oberste Karte des Abwurfhaufens, muß er sie sofort zu einer Meldung verwenden. Außerdem muß er sämtliche bisher abgeworfenen Karten zusätzlich zur Hand nehmen. Er darf nun weitere Meldungen auslegen, wenn er es möchte. Abschließend wirft er eine Karte ab.

Jeder Spieler kann nur eigene Meldungen auslegen. Ein Anlegen einzelner Karten an fremde Meldungen ist nicht erlaubt.
Das Ziel des Spiels ist es nicht allein, so rasch wie möglich alle Karten in Meldungen auszulegen und Rommé zu bieten. Vielmehr kommt es in erhöhtem Maße darauf an, möglichst viele Karten auszulegen, denn in dieser Rommé-Variante zählen die ausgelegten Karten für den Melder!
Die Karten haben dabei folgende Werte: Jedes As zählt 15 Punkte, alle Bilder (Bube, Dame, König) und die Zehner 10 Punkte, die Karten von der Neun bis zur Drei je 5 Punkte. Jede (wilde) Zwei zählt soviel, wie die Karte wert ist, die sie vertritt. Werden dagegen nur Zweier als Satz ausgelegt, so gilt jede Zwei 25 Punkte.
Eine Sonderstellung in der Bewertung nehmen die beiden Pik-Damen ein. Jede von ihnen zählt 50 Punkte, wenn sie in einer Meldung ausgelegt wird, aber 100 Punkte, wenn sie bei Spielende noch auf der Hand ist. Alle übrigen Karten zählen auf der Hand genausoviel wie in einer Meldung.
Der Spieler, der Rommé bietet, also sämtliche Karten in Meldungen auslegen kann, erhält zusätzlich zu den Punkten seiner ausgelegten Karten einen Bonus von 100 Extrapunkten fürs Ausmachen. Alle übrigen Spieler rechnen die Punkte ihrer ausgelegten Meldungen zusammen und ziehen davon die Summe der Punkte ihrer Handkarten ab.
Gewinner der ganzen Partie ist, wer als erster 1000 Punkte erreicht oder überschritten hat. Wenn zwei Spieler diese Schwelle zugleich überschreiten, gewinnt derjenige, der den höheren Punktstand erreicht.
Sollten die Karten des Talons aufgebraucht sein, ehe jemand das Spiel beenden konnte, so bleibt die oberste Karte des Abwurfhaufens als erste Karte der neuen Ablage offen auf dem Tisch. Die restlichen abgeworfenen Karten werden gemischt, abgehoben und kommen als neuer Talon auf den Tisch.
Noch ein Wort ist zur Pik-Dame zu sagen. Da sie besonders viel zählt, möchte jeder sie gern in seinen Meldungen haben. Es ist aber nicht erlaubt, beispielsweise drei wilde Zweier als einen Satz von drei Pik-Damen auszulegen und 150 Punkte zu beanspruchen. Eine wilde Karte kann eine Pik-Dame nur dort ersetzen, wo sie natürlicherweise auch liegen würde, also beispielsweise in einer Pik-Folge zwischen dem Buben und dem König oder in einem Satz von Damen, in denen die Pik-Dame fehlt.

Fortune Rummy

Von Oklahoma Rummy gibt es Varianten, unter anderem Fortune Rummy. Es kann auch umgekehrt sein: Aus Fortune Rummy entstand Oklahoma. So genau läßt sich das nicht immer feststellen.
Fortune wird genauso gespielt wie Oklahoma, beide unterscheiden sich hauptsächlich in der Zählweise voneinander.
Man spielt mit 2 × 52 Karten ohne Joker. Die Zweier sind wild. Jeder Spieler erhält 11 (elf!) Karten.
Hohe Karten von der Acht bis zum König zählen 10 Punkte, die niedrigen von der Sieben abwärts 5 Punkte. Das As zählt, im Gegensatz zu Oklahoma, aber nicht 15 Punkte, sondern 10, wenn es in der Folge mit dem König, und 5, wenn es in der Folge mit der Zwei verwendet wird. In einem Satz mit Assen zählt jedes As 5 Punkte.
Die Pik-Dame, auch hier wieder in Sonderstellung, zählt 50 Punkte, und zwar stets, ob sie nun ausgelegt oder noch auf der Hand ist.
Wilde Zweier gelten 5 Punkte, wenn sie eine Karte bis zur Sieben vertreten, sonst 10 Punkte (auch wenn sie die Pik-Dame vertreten).
Das Spiel ist zu Ende, wenn einer die Grenze von 500 Punkten überschritten hat. Einen Bonus fürs Ausmachen gibt es nicht.

Kombinations-Rommé (Liverpool Rummy)

Dies ist eine recht ausgefallene Rommé-Variante. Nicht jeder Spieler darf das gleiche melden, es hängt vielmehr von der Sitzfolge ab, welche Meldungen für den einzelnen zwingend vorgeschrieben sind.
Man spielt mit 2 × 52 Karten, ohne Joker. Alle acht Zweier im Spiel sind »wild« und können wie Joker eingesetzt werden.
Es können sich zwei bis acht Spieler beteiligen. Zu fünft ist das Spiel am unterhaltsamsten.
Jeder Spieler erhält 10 (zehn!) Karten, die einzeln im Uhrzeigersinn gegeben werden. Nach dem Geben wird die oberste Karte des Talons umgedreht und offen ausgelegt.
Damit zu verstehen ist, welche Meldungen für die einzelnen Spieler vorgeschrieben sind, müssen wir zunächst die vier möglichen Gruppen von Meldungen beschreiben.
1. Rote Folgen: Das sind alle Folgen von wenigstens drei Karten in den roten Farben Herz oder Karo.

2. Schwarze Folgen: Das sind entsprechend die Folgen in Pik oder Kreuz.
3. Hoher Satz: Das ist ein Satz von drei oder vier gleichrangigen Karten von der Acht aufwärts bis zum König (8, 9, 10, Bube, Dame, König). Asse gelten also nicht als hoch!
4. Niedriger Satz: Das ist entsprechend ein Satz aus niedrigen Karten, vom As bis zur Sieben (As, 3, 4, 5, 6, 7). Die Zwei als wilde Karte fehlt hier natürlich. Sie kann ja jede beliebige Karte ersetzen.

Von Spielbeginn an kann, wie bei Rommé üblich, jeder Spieler entweder die oberste Talonkarte aufnehmen oder die von seinem Vorgänger abgeworfene Karte. Danach wirft er eine Karte ab.

Nach dem Aufnehmen und vor dem Abwerfen kann jeder Spieler Meldungen auslegen. Zwar darf er beliebige Meldungen auslegen und auch einzelne Karten an Meldungen anderer Spieler anlegen; um das Spiel zu gewinnen, braucht aber jeder Spieler entsprechend seiner Sitzposition ganz bestimmte Meldungen. Und zwar:

Vorhand (links vom Geber) muß einen hohen und einen niedrigen Satz melden.

Der zweite Spieler (links von Vorhand) muß eine rote und eine schwarze Folge melden.

Der dritte Spieler (wieder im Uhrzeigersinn weiter gerechnet) braucht einen hohen Satz und eine rote Folge.

Der vierte Spieler braucht einen niedrigen Satz und eine schwarze Folge.

Der fünfte Spieler (falls so viele überhaupt teilnehmen) muß drei Folgen von beliebiger Farbe melden.

Der sechste Spieler braucht zum Gewinn drei Sätze aus beliebigen Karten.

Dieses Meldesystem erscheint anfangs ein wenig verwirrend. Man tut gut daran, die Pflichtmeldungen auf einem Zettel zu notieren und für jeden sichtbar auf den Tisch zu legen.

Sobald ein Spieler seine Pflichtmeldungen erledigt hat und außerdem alle übrigen Karten in weiteren Meldungen oder an fremden Meldungen losgeworden ist, ist das Spiel zu Ende. Sollte der Talon vorher aufgebraucht sein, wird der Abwurfhaufen gemischt und als neuer Talon aufgebaut. Zuvor wird die zuletzt abgeworfene Karte als Beginn des neuen Abwurfstoßes offen auf den Tisch gelegt.

Der Gewinner erhält die Summe aller Punkte, die seine Gegner noch auf der Hand halten, als Plus gutgeschrieben. Jedem anderen Spieler wird die Summe der Punkte seiner Handkarten als Minus notiert.

Es zählen dabei: Alle Karten vom As bis zur Sieben 5 Punkte, alle Karten von der Acht bis zum König 10 Punkte. Zweier zählen soviel wie die Karten, die sie vertreten.

Nach sechs Spielen ist die Partie zu Ende. Es wird gewöhnlich um Geld gespielt, zum Beispiel um einen halben Pfennig pro Differenzpunkt.

Mississippi Rummy

Diese Variante soll die Erfindung eines Damenkränzchens aus dem nordamerikanischen Staat New Jersey sein. Sie enthält sehr viele Elemente aus dem Wiener Rummy.
Zwei bis acht Spieler können teilnehmen. Sie spielen mit 2 × 52 Karten. Extra-Joker sind nicht im Spiel, dafür sind alle acht Zweier »wild« und können wie Joker eingesetzt werden. Jeder Spieler erhält 10 Karten, die einzeln ausgeteilt werden. Dabei bedient der Geber sich selbst zuerst und gibt sich insgesamt elf Karten. Der Geber beginnt auch mit dem Spiel, nimmt aber dabei keine Karte auf. Er wirft lediglich eine Karte ab. Alle folgenden Spieler können dann wie gewohnt entweder die oberste Talonkarte oder die zuletzt abgeworfene Karte aufnehmen.
Außer den üblichen und bekannten Rommé-Meldungen sind folgende Sonder-Meldungen zugelassen:
Mississippi – das ist eine Meldung aus 10 Karten von gleicher Farbe (z. B. alle in Herz) ohne Rücksicht darauf, ob sie im Rang aufeinanderfolgen.
Traumblatt – das ist soviel wie Hand-Rommé; der Spieler muß Rommé bieten können, ohne zuvor eine Karte aufgenommen zu haben. Darüber hinaus muß beachtet werden, daß das As nur in Sätzen oder in der Folge Dame-König-As ausgelegt werden darf, nicht aber in einer Folge vor der Zwei.
Eine Runde geht zu Ende, wenn ein Spieler »Rommé!« bieten (d. h. sämtliche Karten in Meldungen auslegen) kann, oder wenn ein Spieler klopft (mit der Faust oder den Fingern auf den Tisch klopft). Klopfen darf ein Spieler, der alle Handkarten bis auf einen Rest, der höchstens 5 Punkte zählt, in Meldungen auslegen kann.
Nach dem Rommé-Bieten oder dem Klopfen legen auch die anderen Spieler aus, was sie melden können. Was sie nicht in eigenen Meldungen unterbringen können, behalten sie als Rest. Die Gesamtpunktzahl seiner Restkarten wird jedem Spieler notiert. Auch der Klopfer erhält seine Restpunkte aufgeschrieben.
Bei der Bewertung der Restkarten zählen Asse 15 Punkte, Bildkarten 10 Punkte, die übrigen Karten entsprechend ihren Augen.
Hat ein anderer Spieler weniger Restpunkte auf der Hand als der Klopfer, erhält er einen Bonus ausbezahlt (Näheres dazu im Abschnitt über die Kasse).

Ziel des Spiels ist es, so wenig Punkte wie möglich zu sammeln. Wer nämlich 102 oder mehr Punkte auf seinem Konto hat, scheidet aus (kann sich allerdings auch wieder ins Spiel einkaufen, wie wir gleich erfahren werden). Wer als Letzter übrigbleibt, gewinnt den Inhalt der Kasse. Häufig wird vereinbart, daß die beiden Letzten sich die Kasse teilen.
Die Kasse wird auf folgende Weise gefüllt: Vor Spielbeginn einigt man sich auf den Höchsteinsatz pro Spieler. Danach richtet sich die Höhe der Klopfgelder, der sonstigen Bonusse und der Pflichtzahlungen in die Kasse. Nehmen wir an, der Höchsteinsatz sei auf 2 Mark festgesetzt. 5 Prozent dieses Maximums, hier also 10 Pfennig, legt jeder Spieler zu Beginn in die Kasse.
Wenn ein Spieler Rommé bietet, erhält er 10 Prozent des Maximums, hier also 20 Pfennig, von jedem Mitspieler. Er muß aber seinerseits einen solchen Gewinnteil, also 20 Pfennig, in die Kasse abführen.
Für ein Traumblatt erhält der Gewinner den doppelten Satz, also 40 Pfennig von jedem, muß aber ebenfalls einmal 40 Pfennig an die Kasse zahlen.
Derselbe Satz gilt für Mississippi.
Als Klopfgeld werden dem Klopfer 5 Prozent des Maximums bezahlt; er erhält also von jedem anderen Spieler 10 Pfennig, zahlt aber einmal 10 Pfennig in die Kasse.
Hat jemand geklopft, ein anderer kann aber weniger Restpunkte aufweisen, so muß der Klopfer ihm 40 Pfennig zahlen, jeder andere das übliche Klopfgeld von 10 Pfennig. Der Empfänger muß 20 Pfennig in die Kasse abführen.
In der Punktliste werden laufend die Restpunkte für jeden Spieler notiert und zum bisherigen Spielstand hinzugezählt. Von diesem Punktestand werden als Prämien abgezogen:
für das Rommé-Bieten 10 Punkte,
für Mississippi 20 Punkte,
für das Traumblatt 20 Punkte.
Da ein Rommé-Bieter null Restpunkte haben muß, werden ihm natürlich auch keine Punkte hinzugerechnet. Ein Klopfer dagegen erhält seine Restpunktzahl notiert. Außer dem Bonus, den ihm jeder unmittelbar auszahlen muß, hat er keinen weiteren Vorteil, also auch keinen Abzug einer Prämie. Wenn ein Klopfer einen Unterbieter findet, so wird beiden notiert, was sie als Restpunkte haben. Auch in diesem Falle gibt es keinen Abzug von Extrapunkten.
Wenn ein Spieler mehr als 102 Punkte beisammen hat und eigentlich als »Toter« ausscheiden müßte, kann er sich wieder ins Spiel zurückkaufen. Er zahlt 20 Pfennig in die Kasse (10 Prozent des Maximums) und startet in der Liste wieder mit ebensovielen Punkten, wie sie der Spieler mit der zweitniedersten Summe hat (also der höchsten unter den noch Lebenden).
Um nicht allzu rasch ins Reich der Toten zu geraten, kann sich ein Spieler frei-

kaufen, wenn er in einer Runde mehr als 80 Punkte auf der Hand halten sollte und ein anderer ausmacht. Er zahlt dann 20 Pfennig in die Kasse und macht in der nächsten Runde auf einem Punktstand weiter, der dem nächstniederen in der Liste entspricht. Dieses Freikaufen ist jedem Spieler aber höchstens zweimal in einer Partie erlaubt.

Karussell (Amerikanisches Räuber-Rommé)

Man spielt zu dritt, zu viert oder zu fünft und nimmt ein Doppelspiel, also 2 × 52 Karten, plus zwei Joker. Jeder Spieler erhält 10 (zehn) Karten. Der Rest der Karten wird als Talon auf den Tisch gelegt. Die oberste Karte wird nicht (!) umgedreht, denn bei dieser Spielvariante werden Karten überhaupt nicht abgeworfen.

Das Spiel beginnt, indem Vorhand eine Karte vom Talon zieht. Er darf nun Meldungen auslegen, wenn er möchte, muß es aber nicht. Legt er nicht aus, muß er eine zweite Karte ziehen. Nun hat er wieder das Recht, Meldungen auszulegen, kann aber ebenso darauf verzichten. Legt er auch jetzt nicht aus, muß er eine dritte Karte ziehen, darf danach aber nicht mehr melden.

Der nächste Spieler, der an der Reihe ist, zieht seinerseits eine Karte vom Stapel und darf nun melden, wenn er kann und möchte. Legt er nicht aus, zieht er eine zweite Karte vom Talon, entscheidet, ob er melden kann und will und zieht, falls er nicht auslegt, eine dritte und letzte Karte.

Es sei festgehalten: Wer nach der ersten oder zweiten gezogenen Karte Meldungen auslegt, zieht keine weiteren Karten mehr. Sobald er mit der Meldung fertig ist, kommt der linke Nachbar an die Reihe. Und nach dem Melden oder dem Ziehen der dritten Karte wird keine Karte aus der Hand abgeworfen.

Das Ziel ist es, so viele Karten in Meldungen auszulegen, daß möglichst wenig oder keine Restpunkte mehr auf der Hand zurückbleiben. Bildkarten zählen 10 Punkte, Asse einen Punkt, Joker 25 Punkte, alle übrigen Karten entsprechend ihrem Augenaufdruck.

Gemeldet werden Sätze und Folgen, wie allgemein im Rommé üblich. Man darf nicht nur an eigene, sondern auch an beliebige fremde Meldungen passende Einzelkarten anlegen. Mehr noch: Man darf fremde Meldungen zerreißen und Teile davon rauben, wenn man sie mit eigenen Handkarten zu neuen Meldungen auslegen kann. Allerdings muß beachtet werden, daß beim Rauben stets eine korrekte Meldung von wenigstens drei Karten zurückbleiben muß. Aus einer Dreierfolge kann man also keine Karte, aus einer Viererfolge oder einem Vierersatz höchstens eine Karte rauben.

Näheres über das Rauben ist in der Beschreibung des deutschen Räuber-Rommé zu lesen.
Sobald ein Spieler nur noch 5 oder weniger Restpunkte auf der Hand hält, kann er klopfen und seine Restkarten hinlegen. Alle übrigen Spieler müssen nun ebenfalls ihre restlichen Karten hinlegen. Aus- oder anlegen ist nicht mehr erlaubt.
Gewinner der Runde ist, wer die wenigsten Punkte aufweisen kann. Das muß nicht in jedem Falle der Klopfer sein.
Nur der Gewinner darf sich Punkte gutschreiben, und zwar die Differenz zwischen seinen und der Summe aller übrigen Restpunkte. Hat ein anderer als der Klopfer gewonnen, darf er sich 10 Punkte extra notieren. Haben mehrere Spieler weniger Punkte auf der Hand als der Klopfer, kann sich jeder von ihnen die Differenzpunkte und die 10 Extrapunkte gutschreiben. Kann der Klopfer sämtliche Karten in Meldungen aus- und anlegen (klopft er also mit Null), darf er sich 25 Punkte extra zusätzlich zu den Differenzpunkten notieren.
Wenn die letzte Karte vom Talon gezogen wird, ohne daß jemand geklopft hat, so darf jeder folgende Spieler noch einmal melden und anlegen, ohne eine Karte zu ziehen. Danach werden die Restpunkte verglichen. Es gewinnt die Hand mit den wenigsten Punkten.
Eine Partie ist zu Ende, sobald ein Spieler 150 Punkte erreicht oder überschritten hat. Zur Endabrechnung notiert dieser Spieler sich weitere 100 Punkte. Jeder Spieler schreibt sich außerdem für jede gewonnene Runde 25 Punkte extra gut.
Danach rechnet jeder mit jedem die Differenz ab, wenn um Geld gespielt wird. Wer überhaupt keinen Punkt erzielen konnte, muß dem Gewinner der Partie doppelt zahlen, alle übrigen zahlen einfach.
Diese Rommé-Variante läßt sich übrigens auch recht hübsch und spannend zu zweit spielen. Man benützt dafür jedoch nur das einfache Spiel mit 52 Karten und einem Joker.

Die Einfach-Spiele

Auf den folgenden Seiten werden einige Rommé-Varianten beschrieben, die nur mit dem einfachen Spiel von 52 Karten, mit oder ohne zusätzlichen Jokern, gespielt werden. Obwohl sie der ursprünglichen Romméform am nächsten stehen und weltweit, vor allem in Nord- und Mittelamerika, sehr beliebt sind, haben sie sich bei uns in Deutschland nie so recht durchsetzen können. In Frankreich dagegen wird »le Rami« überwiegend nur mit 53 Karten gespielt.
Im Gegensatz zu den Doppel-Spielen, die zu zweit gespielt meist wenig Reiz bieten, bieten die Einfach-Spiele auch zwei Teilnehmern spannende Unterhaltung.

Straight Rummy

Man spielt mit 52 Karten, also ohne Joker. Zwei bis sechs Spieler können teilnehmen; ideal ist die Runde zu viert. Jeder Spieler erhält sechs oder sieben Karten. Man muß ausprobieren, welche der beiden Spielarten einem mehr zusagt. Das Spiel mit sechs Karten ist einfacher, mit sieben Karten etwas raffinierter.
Die Karten werden, wie im Rommé üblich, einzeln gegeben. Nach dem Geben wird die oberste Talonkarte umgedreht und offen neben den Reststapel gelegt.
Auch hier ist es das Ziel des Spiels, möglichst rasch Rommé zu machen, das heißt, sämtliche Karten in Meldungen von Sätzen oder Folgen abzulegen, oder, falls niemand Rommé machen sollte, am Ende der Runde die wenigsten Punkte auf der Hand zu haben. Beim Melden ist zu beachten, daß das As nur als Eins gilt, also nicht in einer Sequenz mit dem König stehen kann.
Meldungen werden nicht nach und nach ausgelegt. Vielmehr wird gespielt, bis jemand in der Lage ist, sämtliche Karten auf einmal in Meldungen auszulegen, also Hand-Rommé zu machen.

Abbruch

Wenn niemand Rommé machen kann, kommt es zum Abbruch, sobald der Talon nur noch ebensoviele Karten enthält, wie Spieler teilnehmen.
Von diesem Zeitpunkt an wird noch genau eine Runde lang gespielt, und dabei gelten besondere Regeln. Jeder Spieler nimmt noch einmal eine Karte auf und legt dann alle Meldungen ab, die er auf der Hand hat. Den Rest behält er. In dieser Runde darf die vom Vorgänger abgeworfene Karte nur aufgenommen werden, wenn sie sofort in einer Meldung ausgelegt werden kann.
Der »Abbrecher«, also der erste Spieler nach Beginn des Abbruchs, hat, da noch nichts auf dem Tisch liegt, nur die Möglichkeit, komplette Sätze oder Folgen auszulegen. Schon der nächste und erst recht alle folgenden haben es leichter. Sie können eigene Meldungen auslegen, zusätzlich aber auch passende Einzelkarten an Meldungen anderer Spieler anlegen.
Sobald der letzte Spieler seine Meldungen abgelegt hat, nennt er die Restpunktzahl der Karten, die er behalten mußte. Er legt diese Restkarten hin. Nacheinander legen nun auch die anderen ihre Restkarten auf und sagen die Punktzahl an. Das Spiel gewinnt nun derjenige mit der geringsten Restpunktzahl. Haben zwei oder mehr Spieler gemeinsam die niedrigste Punktzahl, so gewinnt der Abbrecher, falls er zu diesen Glücklichen zählt, sonst derjenige unter ihnen, der dem Abbrecher am nächsten zur Linken sitzt. Es kann vorkommen, daß jemand nach dem Abbruch sämtliche Karten los wird. Das gilt jedoch nicht als Rommé.

Abrechnung

Bei der Berechnung der Restpunkte zählt das As einen Punkt, alle Bildkarten 10 Punkte, die übrigen Karten entsprechend ihrer Augenzahl.
Gewöhnlich wird nichts aufgeschrieben, vielmehr werden alle Spiele sofort in bar abgerechnet. Der Gewinner erhält von jedem anderen Spieler einen Betrag, der sich nach der Höhe der Punktdifferenz richtet. Wie hoch der Punkt zu bezahlen ist, muß vor dem Spiel vereinbart werden. Der einfache Satz wird bezahlt für den Gewinn nach dem Abbruch. Doppelter Satz gilt für den Gewinn mit Rommé vor dem Abbruch. Vierfach ist der Gewinn, wenn ein Spieler nach dem Geben oder nach der Aufnahme der ersten Karte vom Talon Rommé machen kann. Außerdem wird vierfach bezahlt für den Gewinn mit einem Straight-Flush, das ist eine Sequenz aus sämtlichen sieben bzw. sechs Handkarten.

Knock Rummy (Amerikanisches Rommé mit Klopfen)

Für dieses Spiel gelten im wesentlichen die Regeln des zuvor beschriebenen Straight Rummy; es sind aber zusätzliche Regeln gültig, die das Spiel abwechslungsreicher machen. In der folgenden Beschreibung werden nur die Abweichungen von den Regeln des Straight Rummy ausführlicher erläutert.
Man spielt mit 52 Karten, ohne Joker. Zwei bis sechs Spieler können teilnehmen, wobei das Spiel zu viert am reizvollsten ist. Jeder Spieler erhält sieben Karten, die einzeln ausgeteilt werden. Es gibt auch eine Variante für sechs Karten pro Spieler, die aber fortgeschrittenen Rommèspielern als zu leicht erscheint.
Wie beim Straight kann jemand beim Knock Rummy gewinnen, indem er während des Spiels Rommé macht, also sämtliche Karten in Meldungen ablegt, oder in der letzten Runde (nach dem Abbruch) so viele Karten auslegt, daß er die wenigsten Restpunkte behält. Zusätzlich kann aber während des Spiels zu beliebiger Zeit und mit beliebig vielen Restpunkten geklopft werden.

Klopfen

Jeder Spieler kann, wenn er an der Reihe ist, auf den Tisch klopfen und damit die Spielrunde beenden. Er darf klopfen, bevor er seine erste Karte vom Talon aufnimmt, oder später, so oft die Reihe wieder an ihm ist. Wer klopft, darf jedoch keine Karte mehr vom Talon oder Abwurfstoß aufnehmen. Man klopft also vor dem Aufnehmen.
Nach dem Klopfen legt der Spieler seine Karten auf den Tisch, wobei er Meldungen von den Restkarten trennt. Danach legen auch alle anderen Spieler ihre Meldungen und Restkarten auf. Es gewinnt derjenige, der die wenigsten Restpunkte vorweisen kann. Er gibt auch die Karten für das nächste Spiel.
Es muß betont werden, daß zum Klopfen nicht unbedingt Meldungen gehören müssen. Wer beispielsweise nur niedrige Karten auf der Hand hält und nichts melden kann, darf trotzdem klopfen, wenn er glaubt, niemand halte weniger Restpunkte auf der Hand. Es gibt also keine obere Grenze für die Zahl von Restpunkten für das Klopfen.
Nach dem Klopfen kann jeder Spieler nur eigene Meldungen auslegen, nicht aber Karten an Meldungen seiner Gegner anlegen.

Rommé bieten

Wer, wenn die Runde an ihm ist, eine Karte aufnimmt, kann nun nicht klopfen, wie wir schon wissen. Er muß wenigstens eine weitere Runde warten. Man kann jedoch nach dem Aufnehmen einer Karte vom Talon oder Abwurfstoß Rommé machen, das heißt, sämtliche Karten in Meldungen auslegen (und für die aufgenommene Karte wieder eine abwerfen). Das Spiel ist zu Ende, und es darf niemand sonst Karten melden.

Abbruch

Nach dem Abbruch (siehe unter Straight Rummy) darf nicht mehr geklopft werden. Beim Auslegen nach dem Abbruch darf (im Gegensatz zu Straight Rummy) niemand Karten an Meldungen seiner Gegner anlegen. Zum Abwerfen muß man die höchste der Restkarten in seiner Hand verwenden.

Abrechnung

Asse zählen einen Punkt (und können auch in Sequenzen nur als Eins eingesetzt werden), Bildkarten zählen 10 Punkte, alle übrigen Karten entsprechend ihrer Augenzahl.
Stellt sich nach dem Klopfen heraus, daß ein anderer Spieler weniger Restpunkte hat als der Klopfer, so gewinnt der andere. Bei Punktgleichstand gewinnt der Klopfer. Haben mehrere Spieler weniger Punkte als der Klopfer, aber untereinander gleichviel, so gewinnt derjenige, der dem Klopfer am nächsten zur Linken sitzt.
Gewinn durch Klopfen wird einfach bezahlt, verliert der Klopfer jedoch, muß er dem Gewinner das Doppelte zahlen. Alle übrigen Spieler zahlen in diesem Falle den Gewinner einfach aus.
Gewinn durch Rommé, ob mit oder ohne Klopfen, zählt dreifach. Gewinn durch Rommé vor Aufnahme der ersten Karte vom Talon oder durch Straight Flush (Sequenz aus sieben Karten) wird sechsfach honoriert.

Einhunderteins-Rommé

Diese Variation ist Knock Rummy mit einer etwas veränderten Art der Abrechnung. Es gelten alle Regeln dieses eben beschriebenen Spiels mit folgenden Abweichungen:
Es wird nicht nach jeder Runde abgerechnet. Vielmehr werden jedem Spieler jeweils seine Restpunkte notiert und zu vorherigen Punkten addiert. Sobald jemand 101 Punkte erreicht hat, scheidet er aus.

Geklopft werden darf nur mit einer Restpunktzahl von 9 oder weniger. Wer einen Punktstand von 92 erreicht hat, darf nur mit 8 Restpunkten klopfen, bei einem Stand von 93 nur mit 7 – und so weiter. Wer also beispielsweise 100 Punkte beisammen hat, muß im nächsten Spiel unbedingt Rommé machen (darf also keine Restpunkte haben), sonst muß er ausscheiden.
Wer ausgeschieden ist, kann sich jedoch zurückkaufen. Er zahlt den vor dem Spiel vereinbarten Grundeinsatz in die Kasse und macht weiter mit einem Punktestand, der dem höchsten der noch verbliebenen Spieler gleichkommt. Scheidet er erneut aus, kann er sich unter gleichen Bedingungen mit dem doppelten Grundeinsatz wieder einkaufen, danach ein drittes Mal mit dem vierfachen, ein viertes Mal mit dem achtfachen Grundeinsatz – falls er es dann nicht vorzieht, aufs Weiterspielen zu verzichten.
Im übrigen gelten alle Regeln des Knock Rummy, einschließlich der Abbruch-Regeln.
Das Spiel ist beendet, wenn alle Spieler bis auf einen ausgeschieden sind. Er erhält die Kasse, in die jeder schon zu Beginn den vereinbarten Grundeinsatz gezahlt hatte.

Fünfhundert-Rommé (Pinochle Rummy)

Pinochle Rummy ist eine der wenigen 52-Karten-Varianten, in denen Meldungen nicht nur auf einen Schlag ausgelegt werden, sondern auch nach und nach auf den Tisch kommen können.
Man spielt mit 52 Karten, ohne Joker. Mehr als vier Spieler sollten nicht teilnehmen. Jeder erhält sieben Karten. Der Rest kommt, wie üblich, als Talon auf den Tisch, die oberste Karte umgedreht daneben.
Ziel des Spiels ist es, durch Meldungen möglichst viele Punkte zu sammeln, um als erster auf einen Stand von 500 zu kommen. Hier werden also wieder einmal nicht allein die Restpunkte in der Hand als Minus, sondern zusätzlich die ausgelegten Punkte als Plus gewertet.
Es zählen dabei: Asse 15 Punkte, wenn sie als Satz oder in der hohen Sequenz (mit dem König) gemeldet werden, jedoch nur einen Punkt, wenn sie mit der Zwei in der Sequenz liegen. Sequenzen »um die Ecke«, also mit dem As in der Mitte, sind nicht erlaubt. Auf der Hand zählt das As stets 15 Punkte. Alle Bildkarten zählen 10 Punkte, die übrigen Karten den Augenwert.
Für das Aufnehmen von Karten während des Spiels gelten Regeln, die von allen anderen Rommé-Varianten abweichen. Nimmt jemand, wenn er an der Reihe ist, die oberste Karte des Talons, so verläuft alles wie gewohnt. Er kann

nur eine Karte nehmen. Wählt jedoch jemand die oberste Karte des Abwurfhaufens, so hat er das Recht, auch beliebig viele folgende Karten aufzunehmen, sofern er nur die letzte aufgenommene sofort in einer eigenen Meldung auslegen kann. Er muß also zu dieser Karte zwei passende auf der Hand haben.
Damit den Spielern die Wahl erleichtert wird, ist es üblich, abgeworfene Karten nicht übereinanderzustapeln, sondern so übereinander auszufächern, daß man jederzeit alle Werte erkennen kann.
Um es ganz genau zu erklären: Nimmt jemand nur die oberste Karte des Abwurfhaufens, so muß er sie sofort in einer Meldung mit zwei eigenen Karten auslegen. Nimmt jemand die oberste und die nächstfolgende Karte des Abwurfhaufens, so muß er diese zweite Karte sofort in einer Meldung auslegen; die oberste kann er auf der Hand behalten oder melden. Nimmt er die oberste, die nächste und auch noch die dritte Karte, so muß er diese dritte Karte sofort in einer Meldung unterbringen, die beiden übrigen kann er auf seiner Hand behalten oder nach Belieben auslegen.
Karten können nicht nur in eigenen Meldungen ausgelegt, sondern auch an Meldungen der Gegner angelegt werden. Da es hier jedoch darauf ankommt, möglichst viele eigene Punkte zu sammeln, legt man passende Einzelkarten nicht unmittelbar an fremde Meldungen an, sondern behält sie vor sich auf dem Tisch. Das erfordert erhöhte Aufmerksamkeit, denn es kann nun sein, daß beispielsweise eine Sequenz aus Drei — Vier — Fünf an ganz anderer Stelle des Tischs mit der Sechs fortgeführt wird und wieder an anderer Stelle die dazugehörige Sieben liegt. Wer die Acht hat, kann sie nun vor sich als Meldung ablegen.
Eine Spielrunde ist beendet, wenn ein Spieler Rommé gemacht (alle Karten aus seiner Hand in Meldungen abgelegt) hat oder der Talon aufgebraucht ist.
Zur Abrechnung werden für jeden Spieler die Punkte seiner ausgelegten Karten addiert und von der Summe die Zahl seiner Restpunkte aus den noch auf der Hand befindlichen Karten abgezogen. Die erzielten Punkte werden notiert.
Sieger einer Partie ist, wer als erster 500 Punkte erreicht oder überschreitet. Gelingt das mehreren Spielern zugleich, gewinnt derjenige mit dem höchsten Punktstand.

Persisches Rommé (Partner-Rommé)

Die einzige (oder wenigstens die einzige mir bekannte) Rommé-Variante, in der nicht jeder gegen jeden spielt, sondern zwei Partner gemeinsam gegen zwei andere, ist Partner-Rommé. Man spielt also stets zu viert.

Wenn man sich über die Wahl der Partner nicht anders einigt, kann man die Karten entscheiden lassen. Jeder Spieler hebt einen Teil des Kartenpakets ab und zeigt die unterste Karte. Die beiden mit den niedrigsten Karten werden Partner, ebenso die beiden mit den höchsten. Wer die niedrigste Karte gezogen hat, wird erster Geber.
Zum Spiel werden 52 Karten und zusätzlich vier Joker genommen. Jeder Spieler erhält sieben Karten. Die Karten werden reihum einzeln ausgeteilt. Die oberste Karte des Talons wird wie üblich umgedreht und offen neben dem Talon auf den Tisch gelegt.

Jeder Spieler versucht, gemeinsam mit dem Partner in drei Spielen mehr Punkte zu sammeln als die beiden Gegner. Es werden also auch in dieser Variante die Punkte der ausgelegten Karten als Plus und die Punkte der Restkarten in der Hand als Minus bewertet.
Eine Partie ist stets nach drei Spielen (nach dreimaligem Geben) beendet. Danach beginnt eine neue. Man kann auch vereinbaren, daß jede Partie nur aus zwei Spielen bestehen soll.

Rang und Rolle der Karten

Es können die üblichen Sätze und Folgen ausgelegt werden, wie in den Grundregeln beschrieben. Mitunter wird zusätzlich vereinbart, daß Asse nur in der hohen Folge, also zusammen mit dem König ausgelegt werden können, nicht aber in der Folge As – Zwei – Drei. Man einige sich darüber vor Spielbeginn. In keinem Falle aber ist es erlaubt, eine Sequenz »um die Ecke« zu bilden, bei der As in der Mitte zwischen König und Zwei steht.
Eine weitere Besonderheit betrifft die Joker. Sie gelten in diesem Spiel nicht als »wild«, können also nicht jede beliebige andere Karte ersetzen. Sie können nur gemeinsam in einem Satz aus drei oder vier Jokern ausgelegt werden.

Die Kartenwerte: Alle Bildkarten (Bube, Dame, König) zählen 10 Punkte, das As 15 Punkte. Wenn es als erlaubt gilt, das As auch in einer Folge vor die Zwei zu stellen, zählt es in diesem Falle nur einen Punkt, aber nach wie vor 15 Punkte, wenn es mit dem König und der Dame in einer Folge vereint oder in einem Satz gemeldet wird. Jeder Joker zählt 20 Punkte.
Wenn in einem Satz alle vier Karten auf einmal ausgelegt werden können, wird die Punktzahl dieser Meldung verdoppelt. Ein Vierersatz aus Königen gilt dann also nicht 40, sondern 80 Punkte, ein Vierersatz aus Jokern sogar 160. Werden jedoch zunächst nur drei Karten eines Satzes gemeldet und später die vierte Karte hinzugefügt, so können die Punkte nicht verdoppelt werden.

Aufnehmen von Karten

Jeder Spieler kann, wenn er an der Reihe ist, entweder die oberste Karte vom Talon nehmen, oder stattdessen jede beliebige Karte aus dem Abwurfstoß. Es sei eigens wiederholt: jede beliebige Karte aus dem Abwurfstoß! Man darf also nicht nur die oberste, zuletzt abgeworfene Karte nehmen, sondern auch irgendeine andere, früher abgeworfene. Dabei ist jedoch zu beachten:
a) Man muß die Karte, die man wählt, sofort mit wenigstens zwei Karten aus der Hand kombinieren und in einer Meldung auslegen können;
b) man muß zusätzlich zu der gewählten Karte alle übrigen, darüberliegenden Karten des Abwurfstoßes aufnehmen und zur Hand stecken.
Ein Beispiel: Es liegen inzwischen acht Karten auf dem Abwurfhaufen. Die vierte von oben ist Herz-Dame. Ein Spieler, der an der Reihe ist, hat Herz-Bube und Herz-König auf der Hand. Er nimmt die Herz-Dame nebst den drei darüberliegenden Karten, legt die Folge Bube—Dame—König in Herz aus, behält die übrigen drei Karten auf der Hand oder legt sie wenn möglich in weiteren Meldungen aus. Die restlichen vier Abwurfkarten, die unter der Herz-Dame lagen, bleiben als Abwurfhaufen auf dem Tisch. Die vorher fünfte Karte dieses Haufens ist nun also die oberste geworden. Darauf legt der Spieler, der die Herz-Dame genommen hatte, seine abzuwerfende Karte.
Damit der Abwurfstoß nicht von jedem Spieler durchwühlt werden muß und dabei womöglich durcheinander gebracht wird, werden die abgeworfenen Karten gefächert aufeinander oder nebeneinander geschichtet, so daß immer jeder Kartenwert erkennbar bleibt.

Auslegen von Meldungen

Jeder Spieler darf, wenn er an der Reihe ist, beliebig viele Karten in gültigen Meldungen auslegen. Ein Punktminimum für die Erstauslage ist dabei nicht zu berücksichtigen. Ein Spieler darf darüber hinaus passende Einzelkarten an eigene Meldungen oder Meldungen seines Partners anlegen, nicht aber an Meldungen der Gegner. Man kann auf diese Weise Dreier-Sätze zu Vierer-Sätzen vervollständigen oder Folgen verlängern. Jeder Spieler legt die Karten vor sich auf den Tisch, auch Einzelkarten, die an Meldungen des Partners passen.

Spielende

Sobald ein Spieler Rommé machen, also alle Karten aus seiner Hand in Meldungen aus- oder an Meldungen anlegen kann, ist die Spielrunde beendet.

Der betreffende Spieler muß jedoch in jedem Falle auch jetzt noch eine Karte abwerfen, nachdem er alle übrigen Karten ausgelegt hat.
Sollte der Talon aufgebraucht sein, ehe ein Spieler Rommé machen konnte, wird die oberste Karte des Abwurfhaufens offen auf den Tisch gelegt, der Rest kommt umgedreht als neuer Talon daneben. Das wird gegebenenfalls so oft wiederholt, bis ein Spieler ausmachen kann.

Abrechnung

Nach Ende der Runde stellt jeder Spieler fest, wie viele Punkte er ausgelegt hat und zieht davon die Punkte seiner Restkarten in der Hand ab. Die Punkte der Partner werden zusammengezählt und notiert. Die gewinnende Partei erhält für das Rommémachen 25 Punkte extra.
Nach drei (bzw., wenn so vereinbart, nach zwei) Spielen ist die Partie zu Ende. Die Partner mit der höheren Punktzahl gewinnen. Sie dürfen sich einen Extrabonus von 100 Punkten gutschreiben. Die Differenz zwischen ihrem Endstand und der Punktsumme ihrer Gegner bestimmt die Höhe des zu zahlenden Gewinns.

Rami (Französisches Rommé)

In Frankreich heißt das Rommé-Spiel »le Rami«, wird aber häufig auch als »Pharaon« bezeichnet. Letzteres freilich ist ursprünglich der Name eines Glücksspiels, das einiges mit Baccara und Meine Tante — deine Tante gemeinsam hat, aber nicht das Geringste mit Rommé.
Unter Bezeichnungen wie »Joker«, »Rami-Poker« oder »Stop« sind Varianten des Rami in Frankreich bekannt. Im folgenden seien die Regeln des Spiels beschrieben, das auch französische Regelbücher als »le véritable Rami français« bezeichnen, als »das echte französische Rommé«.
Man spielt mit 53 Karten, also mit dem 52er-Blatt plus einem Joker. Zwischen zwei und fünf Spieler können teilnehmen, doch ist auch hier die Viererrunde ideal. Jeder Spieler erhält sieben Karten, die wie üblich einzeln reihum gegeben werden. Die oberste Karte des Resttalons wird umgedreht und offen als Beginn des Abwurfhaufens neben den Talon gelegt.
Das Ziel des Spiels ist dasselbe wie in allen Rommé-Varianten: Durch Auslegen von Meldungen (Sätzen oder Folgen) alle Karten aus der Hand loszuwerden, ehe ein Gegner dazu in der Lage ist. Bei der Verfolgung dieses Ziels sind

aber einige Besonderheiten zu beachten, die von den üblichen Regeln abweichen.

Sonderregeln für Rami

Wer an der Reihe ist, eine Karte aufzunehmen, muß zuvor eine Karte abwerfen! Er legt diese Karte offen beiseite, wenn er die oberste Karte des Abwurfhaufens aufnehmen möchte, und legt seine abgeworfene Karte danach als oberste auf den Abwurfhaufen. Will er aber die oberste Karte des Talons nehmen, kann er seine abzuwerfende Karte gleich auf den Abwurfstoß legen. In jedem Falle muß die Regel »Erst abwerfen, dann aufnehmen« strikt eingehalten werden.

Meldungen können nach und nach ausgelegt werden, doch muß die Erstmeldung mindestens aus einem Satz oder einer Folge von drei Karten bestehen. Danach dürfen auch einzelne passende Karten an eigene oder fremde Meldungen angelegt werden. Auch dabei ist aber eine Besonderheit zu beachten: Man darf, wenn man an der Reihe ist, entweder alle Karten auf einmal auslegen (Handrommé machen), oder aber jeweils nur eine Meldung auslegen oder an Meldungen nur eine einzelne Karte anlegen. Mehrere Karten darf man an eine ausgelegte Meldung nur dann anlegen, wenn diese Karten unmittelbar zusammenhängen. Erst nach dem Aus- oder Anlegen wird eine Karte abgeworfen und eine andere dafür aufgenommen. Nach Handrommé wird freilich keine Karte mehr abgeworfen und natürlich auch keine mehr aufgenommen.

Ein Beispiel soll das Aus- und Anlegen ein wenig erhellen. Ein Spieler A, der gerade an der Reihe ist, kann nicht Handrommé machen, also nicht alle Karten auf einen Schlag auslegen. Aber er hat eine Meldung auf der Hand, sagen wir: einen Satz von drei Königen. Er legt den Satz aus, wirft danach eine Karte aus seiner Hand ab und nimmt eine auf, sei es vom Talon, sei es vom Abwurfhaufen. Der nächste Spieler B hat eine Folge aus den Herzkarten Fünf – Sechs – Sieben auf der Hand, daneben aber auch den vierten König, der im Satz von A noch fehlt. Er darf nun seine Folge auslegen, aber noch nicht den König anlegen. Die Regel lautet ja: »Nur eine einzige Meldung auslegen oder nur eine Karte bzw. mehrere zusammenhängende Karten anlegen!« Er muß die Folge auslegen, da er einzelne Karten erst nach einer Erstmeldung von wenigstens drei Karten auslegen darf. Danach wirft er eine Karte ab und nimmt eine andere auf. Der Spieler C, der als nächster drankommt, hat bereits eine Meldung vor sich liegen und hält auf der Hand Herz-Vier sowie Herz-Acht und Herz-Neun. Alle drei Karten passen an die Meldung von B, die Herz-Sequenz Fünf – Sechs – Sieben. Er darf aber nicht alle drei Karten auslegen, da

sie nicht zusammenhängen. Er kann entweder die Vier an das eine Ende der Folge anlegen, oder Acht und Neun (da zusammenhängend) an das andere Ende. Danach wirft er eine Karte ab und nimmt eine andere auf. Sollte diese aufgenommene Karte die einzige in seiner Hand sein, so kann er damit ausmachen, sobald er wieder an der Reihe ist. Er legt sie an eine passende Meldung an. Damit wäre das Spiel zu Ende. Kann er das nicht, muß er die Karte abwerfen und eine andere aufnehmen. Das Spiel geht weiter.
Auch der Joker wird im französischen Rami etwas anders behandelt als etwa bei uns hierzulande. Er kann jede Karte ersetzen, die in einer Meldung fehlt, aber er darf nicht geraubt werden. Wenn er ausgelegt ist, muß er liegen bleiben. Das bedeutet zum Beispiel, daß ein Satz aus zwei Buben mit einem Joker nur noch durch einen weiteren Buben zum Vierersatz ergänzt werden kann. Der vierte Bube darf nicht mehr angelegt werden, da ein Satz aus fünf Karten nicht erlaubt ist (wohlgemerkt: ein Satz, nicht eine Folge!).
Das As kann im Rami nur als Eins verwendet werden, also in einer Folge nur vor Zwei und Drei, nicht aber als Schluß nach Dame und König.
Ein Spiel ist beendet, wenn jemand alle Karten aus seiner Hand ablegen konnte, sei es auf einmal durch Handrommé, sei es auf mehrere Male, oder wenn der Talon aufgebraucht ist. In letzterem Falle wird also nicht der Abwurfhaufen gemischt und als neuer Talon verwendet.
Die Punkte der in den Händen jedes Spielers verbliebenen Karten werden addiert und dem betreffenden Spieler angeschrieben.
Dabei zählen Asse stets einen Punkt, Bildkarten (Buben, Damen, Könige) je 10 Punkte, Joker je 20 Punkte, alle übrigen Karten entsprechend ihrer Augenzahl.
Wer im Laufe der Spiele 100 Punkte erreicht oder überschreitet, scheidet aus. »Il saute«, sagt man im Französischen dazu, was soviel heißt wie: Er muß über die Klinge springen, er macht Bankrott. Jeder Springer kann sich jedoch wieder ins Spiel zurückkaufen, höchstenfalls jedoch dreimal. Er fängt dann erneut an, jedoch nicht bei Null, sondern mit dem Punktstand, den derjenige unter den Lebenden hat, der in diesem Augenblick am schlechtesten steht. Zudem muß er, wenn es so vereinbart wurde, einen bestimmten Betrag in die Kasse zahlen, deren Inhalt am Schluß dem Gewinner zusteht.
In diese Kasse zahlt zu Beginn des Spiels jeder einen vereinbarten Betrag, z. B. eine Mark. Der Preis für den Rückkauf kann dann beispielsweise auf zwei Mark für das erstemal, drei Mark für das zweite und vier Mark für das dritte Mal festgelegt werden. Diese Gelder kommen ebenfalls in die Kasse.
Darüber hinaus ist es üblich, den sogenannten »kleinsten Gewinnern« (»les petits gagnants«) ebenfalls Geldgewinne zukommen zu lassen. Kleine Gewinner sind Spieler, die in einer Runde mit Handrommé ausmachen konnten.

Ihnen muß gewöhnlich jeder andere Spieler einen Betrag in Höhe des halben Grundeinsatzes bezahlen, in unserem Beispiel also 50 Pfennig. Dieses Geld wird aber nicht aus der Kasse entnommen, vielmehr zahlt jeder aus der eigenen Tasche.

Coon Can (Conquain)

Das alte spanische Spiel »Con quién« ist wahrscheinlich einer der Vorläufer unseres Rommé-Spiels, wenn nicht gar der einzige. Spanier brachten das Spiel nach Mexiko, von dort gelangte es im 19. Jahrhundert in die USA und später nach England, wo es zu Anfang unseres Jahrhunderts in Clubs um Geld gespielt wurde. Auf diesem Wege haben sich die Regeln des Spiels erheblich verändert. So benützte man für das Spiel in Europa beispielsweise 2 × 52 Karten plus zwei Joker. Bis zu sieben Spieler konnten teilnehmen.
Da das Spiel auf dem europäischen Kontinent kaum noch bekannt ist, sei die folgende Beschreibung auf die alte spanische Form des Spiels beschränkt, gewissermaßen als Reverenz vor dem Ahn des Rommé. In dieser Form ist Coon Can in Nord- und Südamerika noch bekannt.
Man spielt zu zweit und verwendet 40 Karten. Spanische Spielkarten enthalten in der Regel nur 40 Karten; es fehlen die Werte 8, 9 und 10. Wenn man keine Originalkarten (mit den Farben »Keule«, »Schwert«, »Becher« und »Münze«) hat, entfernt man aus dem Spiel mit dem französischen Bild die entsprechenden Werte.
Jeder Spieler erhält 10 Karten. Um auszumachen, muß man aber Meldungen mit 11 Karten vor sich liegen haben. Man wirft also zuletzt keine Karte mehr ab.
Als Meldungen gelten Sätze von drei oder vier gleichen Karten, oder Folgen (Sequenzen) von drei und mehr aufeinanderfolgenden Karten derselben Farbe. Dabei folgt auf die Sieben der Bube. Das As kann nur als niedrige Karte, also vor der Zwei, in einer Folge stehen, nicht aber nach dem König.
Zu Beginn des Spiels dreht der Gegner des Gebers die oberste Karte des Talons um. Kann er sie mit Karten aus seiner Hand zu einer Meldung kombinieren, nimmt er sie, muß sie aber sofort mit den entsprechenden Handkarten auslegen. Kann er sie nicht gebrauchen, hat der Geber das Recht, sie zu nehmen.
Wer auch immer eine Karte aufnimmt, muß sie sofort in einer Meldung auslegen oder an ausgelegte Meldungen anlegen. Danach muß er eine Karte aus der Hand abwerfen. Der nächste Spieler kann diese abgeworfene Karte auf-

nehmen, falls er sie melden kann. Wenn nicht, dreht er die abgeworfene Karte um, deckt dann die oberste Karte des Talons auf, läßt sie aber zunächst liegen. Er prüft, ob er diese Karte melden kann. Wenn nicht, nimmt er überhaupt keine Karte auf und sein Gegner ist an der Reihe. Wenn auch er die aufgedeckte Talonkarte nicht nehmen kann, legt er sie umgedreht beiseite und deckt die nächste Talonkarte auf. Kann er sie melden, nimmt er sie auf und wirft eine Karte ab. Wenn nicht, hat wieder der andere Spieler das Recht, sie zu nehmen. In gleicher Weise geht das Spiel weiter, bis jemand elf Karten gemeldet hat oder der Talon aufgebraucht ist.
Wer Meldungen ausgelegt hat, kann, so oft er wieder an der Reihe ist, auch passende Einzelkarten anlegen. Er darf dies auch bei Meldungen des Gegners tun, jedoch in diesem Falle immer nur eine Karte anlegen, wenn er an der Reihe ist. Dieses Anlegen an Meldungen des Gegners gilt als Abwerfen. Der so beschenkte Gegner darf also keine Karte aufnehmen, sondern muß lediglich eine Karte aus seiner Hand abwerfen. Ein solches Geschenk ist aber keineswegs immer unerwünscht. Man kann dadurch einen Gegner in eine Lage versetzen, die es ihm nicht mehr erlaubt, 11 Karten in Meldungen unterzubringen.
Wer nach und nach 10 Karten ausgelegt hat, die 11. aber nicht in eigenen Meldungen unterbringen kann, muß sie abwerfen. Er hat nun keine Karte mehr auf der Hand, spielt aber trotzdem weiter, bis er eine aufgenommene Karte bei sich anlegen kann, falls nicht sein Gegner vorher ausgemacht hat.
Aus eigenen Meldungen von wenigstens vier Karten darf der Spieler eine herausnehmen und zusammen mit zwei Handkarten oder einer Handkarte und einer aufgenommenen Karte zu einer neuen Meldung auslegen.
Wirft ein Spieler eine Karte ab, die er anlegen könnte, kann der Gegner verlangen, daß sie angelegt wird. Es muß eine andere Karte abgeworfen werden.
Sollte der Talon aufgebraucht sein, ehe ein Spieler ausmachen konnte, ist das Spiel unentschieden. In die Kasse wird erneut der vereinbarte Grundbetrag gesetzt, so daß es im nächsten Spiel um den doppelten Einsatz geht.

Gin Rummy — das weltbekannte Rommé-Zweierspiel

Unter den vielen Varianten von Rommé hat es eine zu besonderer Popularität gebracht: Gin Rummy. In den Ländern des europäischen Kontinents hat das Spiel allerdings noch längst nicht die gleiche Beliebtheit erreicht wie in den englischsprachigen Ländern. Dort, und vor allem in den USA, hat es seit etwa 1940 einen Siegeszug erlebt und Millionen von Spielern begeistert.

Die Regeln des Spiels entstanden gegen Ende des 19. oder gleich zu Beginn des 20. Jahrhunderts. Populär aber wurde es erst, nachdem etwa um 1939/1940 die Regeln etwas geändert wurden.
Man spielt stets nur zu zweit, und zwar mit 52 Karten, also ohne Joker. Jeder der beiden Spieler erhält 10 Karten, die, wie in allen Rommé-Spielen üblich, einzeln gegeben werden: Erst erhält der Gegner eine Karte, dann der Geber, dann wieder der Gegner und so weiter.
Die folgende 21. Karte wird umgedreht und offen neben die Restkarten, den Talon, gelegt.

Ziel des Spiels

Jeder der beiden Spieler versucht, »Gin« zu machen, das heißt, alle 10 Karten in Meldungen auszulegen. Falls »Gin« nicht möglich ist, kann das Spiel gewonnen werden, indem man Meldungen auslegt und eine geringere Restpunktzahl an ungemeldeten Karten zurückbehält als der Gegner.
Meldungen sind, wie in allen Rommé-Spielen, Sätze aus drei oder vier Karten von gleichem Rang, oder Folgen aus drei oder mehr lückenlos aufeinanderfolgenden Karten von gleicher Farbe. Das As gilt dabei nur als niederste Karte, kann also nicht mit Dame und König in einer Folge gemeldet werden.
Meldungen dürfen in Gin Rummy niemals nach und nach ausgelegt werden. Sie müssen stets auf einen Schlag auf den Tisch.
Man sammelt sie also auf der Hand, bis man entweder sämtliche Karten melden kann, oder bis man so viele Meldungen auslegen kann, daß alle Restkarten zusammen voraussichtlich weniger Punkte aufweisen als die des Gegners. Niemals aber darf diese Summe an Restpunkten mehr als 10 betragen. Abgesehen vom »Gin« kann man also nur ausmachen (»klopfen«), wenn die Karten, die man nicht in Meldungen unterbringen kann, zusammen 10 oder weniger Punkte wert sind. Dabei zählen alle Bildkarten 10 Punkte, das As einen Punkt, alle übrigen Karten entsprechend ihrem Aufdruck.

Der Spielablauf

Nach dem Geben prüft Vorhand (der Gegner des Gebers), ob sie die vom Geber aufgedeckte 21. Karte brauchen kann. Falls ja, darf Vorhand die Karte aufnehmen und wirft dafür eine andere aus der Hand offen (also mit der Bildseite nach oben) ab. Falls nicht, muß Vorhand abwarten, ob der Geber die aufgedeckte Karte nehmen will. Nimmt der Geber sie, so muß er eine Karte aus seiner Hand abwerfen. Will auch der Geber die aufgedeckte Karte nicht nehmen, so ist Vorhand wieder am Zuge. Sie nimmt nun die oberste Karte des

Talons und steckt sie zur Hand. Anschließend muß Vorhand eine Karte abwerfen.
Von nun an sind abwechselnd Geber und Vorhand am Zug. Jeder kann entweder die zuvor vom Gegner offen abgeworfene Karte oder die unbekannte oberste Karte des Talons nehmen. Anschließend muß eine Karte abgeworfen werden.

Ende eines Spiels

Sobald jemand, der an der Reihe ist, alle 10 Karten seiner Hand in Meldungen unterbringen kann, ruft er »Gin!« (was wie der Schnapsname »Dschin« ausgesprochen wird) und legt seine Karten in Meldungen geordnet auf den Tisch. Die elfte Karte wirft er zuvor ab, und nun mit der Bildseite nach unten, zum Zeichen des Spielendes.
Der Gegner legt nun seinerseits alles aus, was er melden kann. An Meldungen des Gin-Machers darf er aber keine Karten anlegen. Dann stellt er die Punktsumme seiner ungemeldeten Restkarten fest.
Wenn jemand so viele Meldungen auf der Hand hält, daß seine Restkarten zusammen 10 oder weniger Punkte zählen, so kann er entweder weiterspielen in der Hoffnung, bald »Gin« zu machen, oder er kann klopfen und damit das Spiel beenden, sobald er an der Reihe ist.
Zu diesem Zwecke klopft er auf den Tisch, wirft seine elfte Karte ab (mit der Bildseite nach unten), legt die Meldungen aus und seine ungemeldeten Restkarten separat daneben.
Nun darf sein Gegner Meldungen auslegen (sofern er welche hat) und zusätzlich passende Einzelkarten an Meldungen des Klopfers anlegen (!). Dadurch kann es geschehen, daß der Gegner unversehens weniger Restpunkte behält als der Klopfer, denn der konnte ja nur komplette Meldungen auslegen und hatte nicht die Möglichkeit, an fremde Meldungen etwas anzulegen. Das darf er nämlich auch jetzt nicht, nachdem die Karten des Gegners auf dem Tisch sind.
Wenn der Talon bis auf die zwei letzten Karten aufgebraucht ist und noch niemand »Gin« gemacht oder geklopft hat, so ergeben sich zwei Möglichkeiten:

a) Der Spieler, der an der Reihe ist, nimmt die zuletzt vom Gegner abgeworfene Karte auf, wirft eine andere ab und klopft oder macht »Gin«.
b) Falls er dazu nicht in der Lage ist, darf er keine Karte mehr aufnehmen. Die beiden Schlußkarten des Talons bleiben unberührt. In diesem Falle ist das Spiel zu Ende und gilt als unentschieden. Keiner der beiden Spieler notiert sich irgendwelche Punkte. Der Geber dieses Spiels gibt erneut.

Bewertung des Spiels

Wenn ein Spieler »Gin« gemacht hat, schreibt er sich die Restpunkte seines Gegners als eigene Pluspunkte gut und zusätzlich weitere 20 Punkte.
Wenn ein Spieler geklopft hat und weniger Restpunkte vorweisen kann als sein Gegner, schreibt er sich die Differenz zwischen den eigenen Restpunkten und denen seines Gegners gut. Extrapunkte gibt es nicht.
Stellt sich heraus, daß der Gegner des Klopfers weniger Restpunkte hat, darf er sich die Differenz zwischen seinen und den Restpunkten des Klopfers gutschreiben und zusätzlich 10 Extrapunkte.
Haben der Klopfer und sein Gegner gleichviel Restpunkte, erhält der Klopfer nichts, der Gegner schreibt die 10 Extrapunkte gut, sonst aber nichts.
Der Verlierer eines Spiels gibt die Karten für das nächste Spiel.

Abrechnung und Ende der Partie

Die Gutpunkte jedes Spielers werden notiert und zu den bisherigen Punkten addiert.
Sobald ein Spieler 100 Punkte erreicht oder überschritten hat, ist die Partie zu Ende. Er gewinnt die Partie und kann sich, damit die Höhe des Gewinns festgestellt wird, weitere 100 Punkte für den Sieg gutschreiben. Außerdem notiert sich jeder der beiden Spieler für jedes von ihm gewonnene Spiel 25 Extrapunkte (unabhängig von früher erhaltenen Extrapunkten für »Gin« oder einen Gewinn gegen den Klopfer).
Nun werden die Gesamtpunkte für jeden Spieler summiert und gegeneinander verrechnet. Die Differenz zwischen beiden Summen gibt die Höhe des Gewinns an, den der Verlierer zu bezahlen hat. Vor Spielbeginn einigt man sich darauf, wie hoch jeder Differenzpunkt zu bezahlen sei.

Varianten und Zusatzregeln

Eine äußerst reizvolle Variante besteht darin, die nach dem Geben umgedrehte Karte bestimmen zu lassen, mit wie vielen Restpunkten ein Spieler klopfen darf. Wird beispielsweise eine Sieben als 21. Karte aufgelegt, so darf ein Klopfer höchstens sieben Restpunkte auf der Hand behalten. Es kann vereinbart werden, daß nur mit »Gin« ausgemacht werden darf, wenn ein As aufgedeckt wird.
Häufig wird vereinbart, daß eine Partie erst beim Erreichen von 150 Punkten zu Ende ist. In diesem Falle werden dem Gewinner 150 Extrapunkte für den Sieg gutgeschrieben. Die übrige Abrechnung ändert sich nicht. Man kann das Ende auch auf 200 oder 250 Punkte festlegen.

Wird das Ende auf 150 oder mehr Punkte festgesetzt, so erhöht man gewöhnlich die Extrapunkte während des Spiels, und zwar erhält man für »Gin« 25 Punkte, für einen Gewinn gegen den Klopfer ebenfalls 25 Punkte, dasselbe bei Gleichstand zum Klopfer.
Wenn jemand seine zum Sieg nötigen 100 oder 150 Punkte erreicht, bevor der Gegner auch nur einen einzigen Punkt notieren konnte, so ist dieser »schwarz«. Der Gewinner darf sich zusätzlich 100 (bzw. 150) Punkte gutschreiben. Mitunter gilt in solchen Fällen, daß sämtliche Punkte des Gewinners verdoppelt werden.
Es kann vereinbart werden, daß die Punkte einer Runde doppelt zählen, wenn als 21. Karte Pik aufgedeckt wird. In diesem Falle geht das Spiel aber immer bis wenigstens 150 Punkte.
Eine weitere Zusatzregel, die vorheriger Vereinbarung bedarf, besagt, daß Asse nicht nur als niedrigste, sondern auch als höchste Karte zählen können. Somit ist eine Folge Dame—König—As möglich. Läßt man dies gelten, so ist zugleich auch die Folge König—As—Zwei erlaubt. In diesem Falle zählt das As stets 15 Punkte, wenn es nicht in Meldungen untergebracht werden kann. Das Spiel wird bis 150 Punkte fortgeführt.

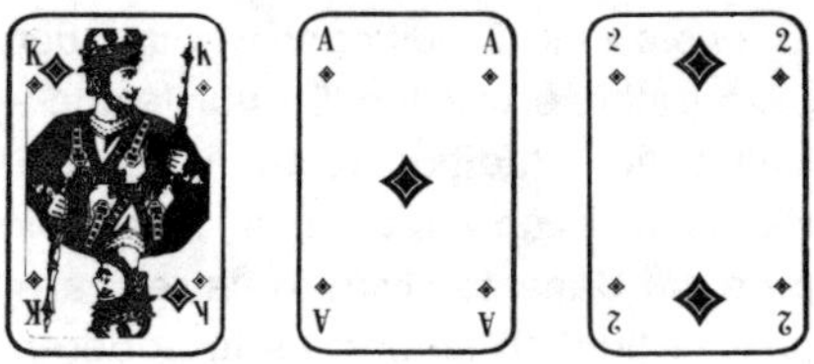

Canasta

Canasta ist zweifellos die bekannteste Variante des Rommé-Spiels. Sie ist erst gute 30 Jahre alt, hat aber einen Siegeszug um die Welt angetreten wie kaum ein anderes Kartenspiel zuvor.
Canasta entstand in den vierziger Jahren im südamerikanischen Uruguay, gelangte nach Argentinien, wo es 1948 zum populärsten Kartenspiel der Clubs wurde. Hier war es auch, wo man die Regeln vereinheitlichte und verbesserte. Im selben Jahr noch eroberte das Spiel sich den Rest von Lateinamerika und kam im Jahr 1949 erstmals in die USA.
Hier nun, in den Vereinigten Staaten und auch in Kanada, löste das Spiel eine unvorstellbare Begeisterung aus. 1951 schätzte man die Zahl der Canasta-Spieler in Nordamerika auf 30 Millionen. In der Zeit von 1949 bis Ende 1952 wurden etwa 5 Millionen Bücher mit den Spielregeln und für etwa 300 Millionen Dollar Spielkarten für Canasta verkauft! Eine Zeitlang verdrängte Canasta sogar Bridge von seiner Spitzenposition als beliebtestes Spiel.
Aus den Vereinigten Staaten kam das Spiel in den frühen fünfziger Jahren nach Europa, traditionsgemäß zunächst nach London. Auf dem europäischen Kontinent aber hat Canasta kein Spielfieber wie in Übersee ausgelöst, sondern allenfalls kühle Sympathie erworben. Es wurde und wird viel gespielt, hat aber nie die Beliebtheit der traditionsreichen europäischen Kartenspiele erreicht. In Südamerika ist es nach wie vor das Kartenspiel Nr. 1.
Im Vergleich zu Rommé hat Canasta etwas kunstreichere Regeln. Das Einzelspiel dauert gewöhnlich erheblich länger als in anderen Rommé-Varianten. Dafür bietet es mehr Abwechslung und eine größere Möglichkeit, den Spielverlauf durch taktisches Vorgehen zu beeinflussen. Etwas überspitzt könnte man sagen: Man kann an einem Abend zum Rommé-Experten werden, um aber alle Feinheiten von Canasta kennenzulernen, braucht es viele Abende. Und das ist ein Kompliment für dieses Spiel.
Was für Rommé bislang noch nicht erreicht wurde, wurde für Canasta wenigstens versucht: das Aufstellen allgemeingültiger und verbindlicher Regeln. Der Regency Whist Club in New York hat erstmals 1949/50 die ins Kraut schießenden Regeln systematisiert. 1950/51 haben dann Mitglieder dieses Clubs gemeinsam mit Spielern aus den USA und Experten aus Argentinien die

Regeln ein wenig modifiziert. Nach diesen Regeln des Regency Clubs wird heute noch weltweit gespielt.
Das hat aber nicht verhindert, daß in Europa, und nicht nur hier, auch Canasta immer noch nach unterschiedlichen Regeln gespielt wird. Das beginnt schon bei der Zahl der Karten. Andererseits ist es nicht weiter schlimm, wenn Canasta hier so und dort ein wenig anders aussieht. Hauptsache, jeder hat seinen Spaß daran.
Damit aber in Zweifelsfragen Klarheit geschaffen werden kann, werden in diesem Buch die Canasta-Regeln des Regency Club im vollen Wortlaut veröffentlicht. Darüber hinaus werden aber auch die zahlreichen kleinen Abweichungen, die sich hierzulande eingenistet haben, ausführlich beschrieben.
Im Anschluß daran werden einige Canasta-Varianten vorgestellt, die bei uns noch nicht allzu bekannt sind, aber seit einigen Jahren eine wachsende Zahl von Freunden finden.

Die Grundregeln von Canasta

Canasta ist, wie Rommé, ein reines Auslegespiel. Es geht also allein darum, Karten nach bestimmten Gesichtspunkten zu sammeln und sie den Regeln entsprechend auszulegen.
Von Rommé unterscheidet Canasta sich vor allem in diesen Punkten:

- Es können nur Sätze aus gleichrangigen Karten gesammelt werden, nicht aber Sequenzen, also Karten von aufeinanderfolgenden Werten.
- Es geht nicht allein darum, möglichst rasch alle Karten abzulegen und somit auszumachen. Vielmehr zählen die ausgelegten Karten als Pluspunkte für den Spieler. Er muß also versuchen, sowohl das Spiel rechtzeitig zu beenden, als auch möglichst viele Karten in gültigen Meldungen auszulegen.
- Canasta ist ein Spiel für Partnerschaften. Obwohl es auch zu zweit oder zu dritt gespielt sehr reizvoll ist, ist es doch eigentlich ein Viererspiel, das zwei Partner gemeinsam gegen zwei andere spielen. Rommé kennt solche Partnerschaften nur in seltenen Ausnahmen.

Bevor wir uns nun dem eigentlichen Spielablauf und seinen Varianten zuwenden, sei beschrieben, was allen Canasta-Spielen gemeinsam ist. Dem Laien mag es auf den ersten Blick etwas verwirrend erscheinen, worauf alles bei Canasta geachtet werden muß. In der Praxis bekommt man diese vielfältigen Spielzüge aber rasch in den Griff. Canasta ist kein einfaches Kinderspielchen, aber auch keine Wissenschaft für sich. Kinder ab zwölf Jahren lernen es spielend und mit Begeisterung. Wer kleinere Kinder hat, sollte ihnen lieber zunächst Rommé beibringen, am besten Straight Rummy mit nur 52 Karten und ohne Joker. Kinder, die Rommé spielen können, lernen Canasta schnell und leicht.

Die Spielkarten

Es werden dieselben Karten benützt wie für das Rommé-Spiel. Wer sich über das Aussehen der Karten informieren möchte, sei deshalb auf die entsprechenden Abbildungen im Kapitel »Grundregeln für Rommé« verwiesen.

Man verwendet stets ein Doppelspiel, also 2×52 Karten. Zusätzlich werden vier Joker ins Spiel genommen, so daß insgesamt mit 108 Karten gespielt wird. Gelegentlich ist in Spielanleitungen zu lesen, daß (wie bei manchen Rommé-Varianten üblich) sechs Joker zum Canasta-Spiel gehören. Das ist nicht richtig oder zumindest nicht gut. Wie wir noch sehen werden, gelten im Canasta auch alle Zweier als »wild«, können also ähnlich wie Joker eingesetzt werden. Nimmt man nun zu den acht Zweiern des Spiels noch sechs Joker hinzu, so erhalten die wilden Karten mit einer Anzahl von 14 ein ungerechtfertigtes Übergewicht.

Ob man Canasta mit dem (jedem Skatspieler vertrauten) französischen Bild spielt oder mit dem internationalen Bild, das Bridge- oder Pokerspieler bevorzugen, ist Geschmackssache. Im Spielwarenhandel und in den Spielwarenabteilungen der Kaufhäuser sind beide Kartenspiele erhältlich. Unter der Bezeichnung Rommé/Canasta werden aber gewöhnlich Karten mit französischem Bild angeboten. Wer das internationale Bild (mit den Indexbuchstaben J, Q, K für Jack, Queen, King statt B, D, K für Bube, Dame, König) bevorzugt, kann sich behelfen, indem er zwei Poker-Spiele kauft und sie zusammenmischt. Wenn die beiden Spiele unterschiedliche Rückenmuster haben, ist das nicht von Belang.

Die Zahl der Teilnehmer

Canasta ist eigentlich ein Viererspiel, wobei zwei Spieler eine Partnerschaft bilden und gegen die beiden anderen Partner antreten. Es läßt sich aber auch zu dritt und besonders zu zweit recht reizvoll spielen, wenn man die Regeln geringfügig ändert. Entsprechendes wird im Anschluß an die Beschreibung des Viererspiels erwähnt. Auch zu fünft und zu sechst kann man Canasta spielen. Bei einer Teilnehmerrunde von mehr als vier Spielern empfiehlt sich freilich immer die Überlegung, ob man nicht lieber an zwei Tischen spielt und zwei Dreierrunden oder eine Zweier- und eine Dreierrunde bildet. Es kann, wenn man zu mehr als viert spielt, mitunter zermürbend lange dauern, ehe jemand wieder an der Reihe ist, eine Karte aufzunehmen.

Die folgende Beschreibung geht zunächst vom Viererspiel (zwei gegen zwei) aus. Varianten für eine andere Spielerzahl werden im Anschluß daran beschrieben.

Sitzordnung der Teilnehmer

Beim Canasta-Spiel zu viert sitzen die beiden Partner einander stets gegenüber. Wenn wir die vier Seiten eines Tisches also nach den Himmelsrichtungen benennen würden, säße die eine Partnerschaft in Süd und Nord, die andere in West und Ost. Diese Regel muß strikt eingehalten werden. Im Canasta-Spiel kann man nämlich durch das Abwerfen von Karten (wir werden bald ausführlicher davon erfahren) das Verhalten des folgenden Sitzpartners erheblich beeinflussen, und zwar hemmend wie fördernd. Es ist deshalb für den Spielverlauf ausschlaggebend, daß zwei Partner nicht unmittelbar nebeneinander sitzen, sondern einen Gegner zwischen sich haben.
In der Familie oder unter Freunden wird man sich gewöhnlich ohne Zeremonie einigen, wer mit wem gemeinsam spielt. Wird aber um Geld gespielt, und sei es um geringe Summen, so empfiehlt es sich, die Partnerschaften und damit die Sitzordnung auszulosen.
Zur Auslosung hebt jeder der vier Spieler einen Teil vom Kartenpaket ab und dreht es um. Die beiden Spieler, die dabei die niedrigsten Karten aufdecken, werden Partner, ebenso die beiden anderen. Sollte es einmal Unstimmigkeiten beim Verlosen geben, weil beispielsweise jemand einen Joker oder drei Spieler die gleiche Karte gefunden haben, wird das ganze einfach wiederholt.
Man nimmt nun so Platz, daß je zwei Partner einander gegenübersitzen. Und da dies manchen Leuten immer noch nicht genügt, kann man ein weiteres tun: Je ein Spieler der beiden Partnerschaften zieht eine Karte. Findet einer eine schwarze Karte, bleiben die betreffenden Partner sitzen, wo sie sind; findet einer aber eine rote, tauschen diese beiden Partner die Plätze.
Dieses Verlosen der Partnerschaften kann auch gleichzeitig dazu dienen, den ersten Gegner zu bestimmen. Wer die niedrigste Karte gezogen hat, teilt die Karten für das erste Spiel aus. Im Zweifelsfalle läßt man erneut abheben.

Das Ziel des Spiels

Jeder Spieler muß bemüht sein, gemeinsam mit seinem Partner eine Gesamtpunktzahl von 5000 (fünftausend) zu erreichen, ehe die gegnerischen Partner dazu in der Lage sind. Dabei geht es nicht allein darum, den Gegnern zuvorzukommen, sondern auch mit einem möglichst großen Vorsprung das Ziel zu erreichen.
Punkte sammelt man durch Auslegen von Meldungen. Karten, die jemand am

Ende einer Spielrunde noch ungemeldet auf der Hand hält, werden von der Punktzahl der Meldungen abgezogen.
Die Gesamtzahl von 5000 Punkten erreicht man unter keinen Umständen in einem einzigen Spiel. Man muß dazu die Punkte aus mehreren Spielen zusammenrechnen. Auf diesem Weg nach oben sind aber Hindernisse eingebaut. Dadurch wird es, wie beim Bergsteigen, immer schwieriger, je näher man ans Ziel kommt. Die ersten 3000 Punkte sind oft rasch erreicht, danach aber ist man mitunter schon froh, wenn man um wenige Punkte weiterkommt und wenigstens nicht zurückfällt.
Man kann es auch politisch-soziologisch ausdrücken: Canasta ist ein Spiel, das die Reichen benachteiligt und die Armen kräftig fördert. Aber wir wollen das Spiel hier nicht ideologisch aufmöbeln. Das hat es überhaupt nicht nötig.
Um Punkte sammeln zu können, muß man also Meldungen auslegen. Meldungen sind Kombinationen aus wenigstens drei Karten. Diese Karten müssen allesamt von gleichem Rang sein. Man kann also beispielsweise drei Könige auslegen, ebenso drei Siebener oder drei sonstige Karten von gleichem Rang. Paare, also nur zwei gleichrangige Karten, darf man nicht melden, Einzelkarten erst recht nicht. Aber es ist selbstverständlich erlaubt, mehr als drei Karten von gleichem Rang auszulegen. Ja, es ist nicht nur erlaubt, sondern geradezu notwendig, will man zu Gewinnen kommen. Wir werden das noch im einzelnen näher erfahren. Und es ist ebenso erlaubt und nötig, an Meldungen von drei und mehr Karten später weitere einzelne Karten anzulegen, um sie zu vergrößern. Es muß nämlich das Ziel sein, wenigstens eine, womöglich aber mehrere Meldungen auf sieben Karten zu erweitern. Eine Meldung von sieben Karten ist ein »Canasta«. Und ohne eine solche Meldung kann ein Spieler oder eine Spielpartei nicht ausmachen.

Das Melden

Jeder Spieler erhält beim Geben eine Anzahl von Karten auf die Hand, im Viererspiel zum Beispiel elf. Da in jeder der vier Farben Herz, Karo, Pik und Kreuz je dreizehn verschiedene Werte enthalten sind, kann es vorkommen, daß jemand beim Geben elf Karten mit elf verschiedenen Werten erhält. Das ist aber nicht üblich. Häufiger wird es der Fall sein, daß einige Werte fehlen und dafür andere doppelt oder sogar dreifach auf die Hand kommen. Weniger oft, aber doch nicht selten kommt es vor, daß jemand schon beim Geben einzelne Kartenwerte vier- oder fünffach, in Glücksfällen gar sechs-, sieben- oder achtfach erhält.

Solche Sätze aus drei und mehr Karten von gleichem Wert nennt man im Canasta-Spiel Meldungen. Diese Meldungen darf man unter bestimmten Voraussetzungen auslegen, das heißt, aus der Hand auf den Tisch legen.
Die folgenden Abbildungen zeigen Beispiele für Kartenkombinationen, die als Meldungen gelten:

Während bei Rommé in einem Satz Karten nicht doppelt vorkommen dürfen (z. B. nicht zwei Herz-Könige in einem Satz aus drei oder vier Königen), können in der Canasta-Meldung beliebig oft Karten doppelt erscheinen. Man darf also, um ein weiteres Beispiel zu nennen, zwei Karo-Siebener zusammen mit zwei Pik-Siebenern ebensogut zu einer Meldung kombinieren wie die vier verschiedenen Siebener in Karo, Herz, Pik und Kreuz.
Wer etwas zu melden hat, legt die betreffenden Karten offen, also mit den Bildseiten nach oben, vor sich auf den Tisch. Dabei ist zu beachten, daß für die Erstmeldung die Karten einen bestimmten Mindestpunktwert erreichen müssen. Dieser Punktwert errechnet sich aus den Zählwerten der einzelnen Karten. Mehr darüber etwas später.

Die wilden Karten

Eine ganz besondere Rolle spielen die wilden Karten, das sind die vier Joker und alle acht Zweier.

Sie können in einer Meldung jede gewünschte, aber fehlende Karte ersetzen. Hat man beispielsweise nur zwei »natürliche« Könige auf der Hand, so darf man sie noch nicht auslegen, da eine Meldung mindestens aus drei gleichen Karten bestehen muß. Besitzt man aber zugleich einen Joker oder eine Zwei, so kann man diese wilde Karte mit dem Paar kombinieren und auslegen. Der Joker oder die Zwei vertritt in diesem Falle einen König. Ebensogut kann eine wilde Karte jeden anderen Wert ersetzen. Einzige Ausnahme sind die schwarzen und die roten Dreier.

Dabei ist aber zu berücksichtigen, daß in einer Meldung niemals die wilden Karten in der Mehrzahl sein dürfen. Man kann also mit einem Paar aus natürlichen Werten nur einen oder zwei Joker bzw. Zweier kombinieren, mit drei natürlichen Karten höchstens drei wilde, mit vier und mehr natürlichen Karten ebenfalls höchstens drei. Mehr als drei wilde Karten dürfen nämlich niemals in einer Meldung liegen.

Zählwerte der Karten in Meldungen

Bei den niedrigen Kartenwerten von der Vier bis zur Sieben hat jede in einer Meldung ausgelegte Karte einen Zählwert von 5 Punkten. Die Karten von der Acht bis zum König zählen je 10 Punkte, wenn sie ausgelegt sind. Jedes As ist 20 Punkte wert, jede Zwei ebenfalls 20 Punkte, jeder Joker 50 Punkte. Bei den wilden Karten hängt der Wert also nicht davon ab, welche Karte sie ersetzen. Eine Zwei zählt stets 20, ein Joker stets 50 Punkte, auch wenn sie mit niedrigen Karten, die nur 5 Punkte zählen, kombiniert werden.

Zur besseren Übersicht seien die Punkte in einer Tabelle wiederholt:

Kartenrang	*Zählwert*
Vierer, Fünfer, Sechser, Siebener	je 5 Punkte
Achter, Neuner, Zehner, Buben, Damen, Könige	je 10 Punkte
Asse	je 20 Punkte
Zweier	je 20 Punkte
Joker	je 50 Punkte

Sie werden bemerken, daß die Dreier in dieser Aufstellung fehlen; sie spielen eine besondere Rolle und werden später in einem eigenen Kapitel beschrieben.

Die Erstmeldung

Ein Spieler, der an der Reihe ist, kann Karten aus der Hand als Meldung auf den Tisch legen, wenn er als allererste Meldung

a) wenigstens drei zusammengehörige Karten auslegt und

b) diese Karten eine bestimmte Mindestpunktzahl erreichen.

Diese Mindestpunktzahl ist unterschiedlich hoch, je nachdem, ob ein Spieler aus vorangegangenen Spielen bereits ein hohes Punktekonto hat, oder ob er noch ziemlich tief steht.

Zu Beginn des Spiels, wenn jeder mit null Punkten beginnt, braucht ein Spieler (bzw. eine Spielerpartei) zur Erstmeldung wenigstens 50 Punkte. Man kann also beispielsweise drei Asse auslegen ($3 \times 20 = 60$ Punkte), oder drei Könige und vier Fünfer ($3 \times 10 + 4 \times 5 = 50$ Punkte). Hat jemand Zweier oder gar Joker auf der Hand, fällt es ihm leichter, auf die geforderte Punktzahl zu kom-

men. Ein Joker mit zwei Vierern ergibt bereits 60 Punkte, genug für die Erstmeldung. Drei Achter, mit einer wilden Zwei kombiniert, ergeben 50 Punkte, ebenfalls genug zum Auslegen.
Zu dieser Erstmeldung werden gewöhnlich im Verlauf des Spiels weitere Karten ausgelegt. Die Punkte aller ausgelegten Karten werden am Ende jedes Spiels addiert und ergeben, zusammen mit Prämienpunkten für besondere Leistungen, den Spielstand.
Hat nach einem oder mehreren Spielen eine Partei 1500 Punkte erreicht oder überschritten, braucht sie fortan für die Erstmeldung Karten im Gesamtwert von mindestens 90 Punkten. Kommt eine Partei schließlich auf 3000 und mehr Punkte, wird die Mindestgrenze für die Erstmeldung auf 120 Punkte erhöht. Es wird also immer schwieriger, genügend Punkte für die Erstmeldung zusammenzukriegen, je näher man dem Ziel von 5000 Punkten kommt.
Es kann vorkommen, daß jemand durch Strafpunkte ins Minus gerät, also weniger als null Punkte auf seinem Konto hat. In diesem Falle wird ihm zum leichteren Hochkommen die Mindestzahl für seine Erstmeldung praktisch gestrichen. Er braucht lediglich wenigstens drei Karten, und seien es nur drei niedrige mit einer Gesamtpunktzahl von 15. Damit kann er seine Meldungen beginnen.
Auch hier seien die Werte noch einmal in einer Tabelle zusammengefaßt:

Spielstand	*Mindestpunktzahl für die Erstmeldung*
unter Null	15
Null bis unter 1500	50
1500 bis unter 3000	90
3000 und mehr	120

Weitere Meldungen

Hat ein Spieler seine Erstmeldung hinter sich, kann er anschließend, so oft er an der Reihe ist, weitere Karten an ausgelegte Meldungen anlegen oder neue Meldungen beginnen. Neue Meldungen müssen stets aus wenigstens drei Karten bestehen.
Im Viererspiel braucht nur einer der beiden Partner die Hürde der Erstmeldung zu überspringen. Sobald er die Erstmeldung ausgelegt hat, dürfen sowohl er als sein Partner beliebige weitere Karten an Meldungen anlegen bzw. neue Meldungen auslegen, ohne auf ihre Punktzahl achten zu müssen.

Partner legen ihre Meldungen gemeinsam aus. Jeder der beiden darf also Karten an Meldungen des anderen anlegen, sobald er an der Reihe ist. Man legt jedoch niemals Karten an Meldungen eines Gegners an.
Beim Auslegen von Karten kommt es vor allem darauf an, wenigstens ein Canasta zu bilden, möglichst aber mehrere. Canastas sind besonders wertvolle Meldungen. Außerdem braucht jede Spielpartei zumindest ein Canasta, um das Spiel beenden zu können.
Es sei betont, daß niemand verpflichtet ist, Meldungen, die er auf der Hand hält, sofort auszulegen. Man kann sie auch sammeln, um beispielsweise alle Karten auf einmal hinlegen zu können, was mit einer Extraprämie belohnt wird. Dieses Abwarten birgt aber die Gefahr in sich, daß einem ein Gegner zuvorkommt und früher ausmacht. Dann hat man das Nachsehen, denn alle Karten, die man bei Spielende noch auf der Hand hat, zählen als Minus.

Canastas

Ein Canasta ist eine Meldung aus sieben Karten von gleichem Rang, also beispielsweise aus sieben Königen oder aus sieben Fünfern.

Besteht das Canasta aus lauter natürlichen Karten, enthält es also keine Joker oder Zweier, so nennt man es ein »natürliches« oder auch ein »echtes« Canasta. Es ist besonders viel wert: 500 Prämienpunkte, zusätzlich zum Wert der einzelnen Karten, die im Canasta liegen.
Man kann aber auch ein »gemischtes« Canasta bilden, nämlich aus natürlichen Karten, die mit wilden Karten kombiniert sind. Dabei muß ein gemischtes Canasta mindestens vier natürliche Karten enthalten und darf höchstens drei wilde Karten aufweisen.

Ein gemischtes Canasta ist leichter zu erreichen als ein natürliches, wird deshalb auch nicht so hoch belohnt. Man erhält dafür nur 300 Prämienpunkte gutgeschrieben, zusätzlich zu der Punktesumme, die sich ergibt, wenn man die Kartenwerte addiert.

Zwei Beispiele sollen das erläutern: Hat jemand ein natürliches Canasta aus sieben Neunern, so erhält er dafür die 500 Prämienpunkte für das Canasta und zählt außerdem 70 Punkte für die sieben Neuner hinzu. Gesamtwert also 570. Hat jemand ein gemischtes Canasta aus fünf Neunern, einem Joker und einer Zwei, so erhält er 300 Punkte für das Canasta und zählt 120 Punkte hinzu, nämlich 50 für die fünf Neuner, 50 für den Joker und 20 für die Zwei. Gesamtwert also 420.

Sobald ein Spieler ein Canasta gemeldet hat, hat er (bzw. seine Partei) das Recht, »auszumachen«, das heißt, das Spiel zu beenden. Man ist dazu aber nicht verpflichtet. Man kann also auch nach dem Melden eines Canasta noch weiterspielen und weitere Karten auslegen, um eventuell zusätzliche Canastas bilden zu können.

Es ist auch erlaubt, an ein fertiges Canasta weitere Karten vom selben Rang oder wilde Karten anzulegen, doch muß dabei folgendes beachtet werden:

a) An ein natürliches Canasta kann nur noch die eine fehlende Karte angelegt werden; es gibt ja nur acht Karten vom selben Rang.

b) Legt jemand an ein fertiges natürliches Canasta als weitere Karte einen Joker oder eine Zwei an, so wird das Canasta damit automatisch zu einem gemischten und zählt weniger.
c) An ein gemischtes Canasta kann man beliebig viele weitere natürliche Karten vom selben Rang anlegen, Joker und Zweier jedoch nur soweit, bis maximal drei wilde Karten darin liegen. Werden an ein gemischtes Canasta natürliche Karten angelegt, so daß ihre Zahl auf sieben oder acht wächst, so wird aus dem gemischten dennoch kein natürliches Canasta. Es bleibt ein gemischtes.
Daraus ergibt sich, daß man ein natürliches Canasta, soll es natürlich bleiben, auf höchstens acht Karten ausdehnen kann; ein gemischtes Canasta kann auf höchstens elf Karten wachsen, nämlich auf die acht natürlichen Karten vom selben Rang und drei wilde Karten.
Karten, die über die erforderlichen sieben hinaus in einem Canasta liegen, erhöhen den Prämienwert nicht, werden aber in ihrem Kartenwert zur Gesamtsumme hinzugerechnet.
Es ist nicht erlaubt, aus acht gemeldeten natürlichen Karten vom selben Rang später zusammen mit sechs wilden Karten zwei Canastas zu bilden.
Viele Canasta-Spieler lassen außer den natürlichen und den gemischten Canastas auch noch Joker-Canastas zu, die ausschließlich aus wilden Karten (Jokern und Zweiern oder nur Zweiern) bestehen und besonders hoch bewertet werden. Das entspricht nicht den Standardregeln des Spiels und wird deshalb im Anhang dieser Beschreibung unter den Sonderregeln ausführlicher erwähnt.

Das Aufnehmen von Karten

Zu Beginn jeder Spielrunde werden jedem Spieler eine bestimmte Anzahl von Karten gegeben. Näheres darüber erfahren wir später.
Nach dem Geben bleibt ein Stoß von Karten übrig, der mit dem Rücken nach oben so auf den Tisch gelegt wird, daß jeder Spieler ihn bequem mit der Hand erreichen kann. Die oberste Karte dieses Talons wird abgenommen und umgedreht (also mit der Bildseite nach oben) auf den Tisch gelegt, und zwar neben den Talon. Sie ist die erste Karte des Abwurfhaufens, der sich nach und nach bilden wird.
Jeder Spieler muß, so oft er an der Reihe ist, eine Karte aufnehmen und dafür eine wieder abwerfen. Auf diese Weise kann er im Laufe des Spiels die Karten auf seiner Hand verbessern und Meldungen auslegen oder ergänzen, die er zu Anfang noch nicht besaß.

Bei der Aufnahme hat man die Wahl zwischen der obersten (unbekannten) Karte des Talons oder der obersten, offenen Karte des Abwurfhaufens. Kann man die oberste Karte des Abwurfhaufens (es ist die vom Vorgänger abgeworfene Karte) nicht brauchen, muß man sich für die Karte vom Talon entscheiden.

Man nimmt diese Talonkarte und steckt sie auf die Hand. Wenn man seine Erstmeldung schon hinter sich hat und die aufgenommene Karte paßt an Meldungen, so kann man sie sofort anlegen. Ergibt sie mit Karten auf der Hand eine neue Meldung, kann sie ebenfalls ausgelegt werden. Danach wirft man eine Karte aus der Hand ab. Man darf auch eine eben aufgenommene Karte wieder abwerfen, wenn sie einem nirgendwo hinpaßt.

Entscheidet man sich aber, die oberste Karte des Abwurfhaufens zu nehmen, so wird der Vorgang etwas komplizierter. Das ist nämlich nur unter bestimmten Voraussetzungen erlaubt. Es hängt vor allem davon ab, ob jemand schon seine Erstmeldung ausgelegt hat oder nicht.

Haben ein Spieler und sein Partner noch nichts gemeldet, so darf der Spieler die oberste Karte des Abwurfhaufens nur nehmen, wenn er sie mit mindestens zwei natürlichen Karten vom selben Rang aus seiner Hand kombinieren und sofort zur Erstmeldung auslegen kann. Er legt dafür zunächst die passenden Karten aus der Hand ab, um zu zeigen, daß er berechtigt ist, die oberste Abwurfkarte zu nehmen. Natürlich muß diese Erstmeldung die nötige Punktzahl haben.

Hat ein Spieler bzw. eine Partei die Erstmeldung schon gemacht, so darf die oberste Karte des Abwurfhaufens genommen werden, wenn man sie

a) mit zwei natürlichen Karten desselben Rangs aus der Hand zu einer Meldung auslegen kann, oder

b) mit einer natürlichen und einer wilden Karte zu einer Meldung kombinieren kann, oder

c) an eine ausgelegte eigene Meldung oder eine Meldung des Partners anlegen kann.

In jedem Falle muß also die oberste Abwurfkarte, wenn man sie aufnimmt, sofort wieder ausgelegt werden.

Diese Einschränkungen haben ihren guten Grund: Wer nämlich die oberste Abwurfkarte aufnimmt, muß zugleich den gesamten Abwurfhaufen nehmen. Er darf also niemals die oberste Abwurfkarte allein nehmen, sondern muß stets den ganzen Stoß kaufen.

Dieses Muß ist aber keineswegs nur eine lästige Pflicht. Der Abwurfhaufen ist nämlich eine vielbegehrte und oft heiß umkämpfte Sache. Wer in seinen Besitz gelangt, hat häufig große Vorteile. Freilich auch nicht immer.

Wer den Abwurfhaufen an sich genommen hat, legt die oberste Karte davon in

einer Meldung aus oder an Meldungen an, entsprechend den eben beschriebenen Bedingungen. Die restlichen Karten kann er, soweit möglich, ebenfalls aus- oder anlegen. Nicht passende Karten muß er zur Hand nehmen. Anschließend muß eine Karte abgeworfen werden. Sie ist nun der Beginn eines neuen Abwurfhaufens und kann vom nachfolgenden Spieler aufgenommen werden, wenn er die genannten Bedingungen für die Aufnahme der Abwurfkarte erfüllen kann. Er erhält dann eben nur eine einzige Karte. Kann oder will er die Karte nicht nehmen, zieht er statt dessen die oberste Karte vom Talon.
Damit sind aber noch nicht alle Möglichkeiten beschrieben, den Abwurfhaufen als spielentscheidendes Mittel zu benützen. Das Canasta-Spiel sieht noch weitere und weitaus raffiniertere Regeln für den Umgang mit den Abwurfkarten vor. So kann man ihn beispielsweise durch Abwurf bestimmter Karten für den Nachfolger sperren oder für eine Zeit einfrieren.

Die schwarze Drei, die Sperrkarte

Wir haben bisher die Dreier aus der Beschreibung ausgeklammert, weil sie eine ganz besondere Rolle spielen.
Das Kartenspiel enthält acht Dreier. Vier davon sind rot, nämlich die Dreier aus den Farben Herz und Karo. Die vier anderen sind schwarz, und zwar aus den Farben Kreuz und Pik. Wir wollen uns zunächst der Rolle der schwarzen Drei zuwenden.

Aus Dreiern kann man kein Canasta bilden. Man darf sie überhaupt während des Spiels nicht zu Meldungen auslegen, auch wenn man alle vier schwarzen Dreier auf der Hand haben sollte. Erst beim Ausmachen darf man, so man noch hat, drei oder vier schwarze Dreier auslegen, sozusagen als Schlußmeldung. Das ist aber nur eine Nebenfunktion dieser Karten. Viel wichtiger ist ihre Aufgabe als Sperrkarten.
Im Laufe des Spiels kommt man gelegentlich in eine Lage, wo man nur noch Karten abwerfen kann, die der nachfolgende Spieler, der ja ein Gegner ist,

dringend haben will. Vielleicht fehlt ihm eine solche Karte gerade noch zum Canasta oder zum Ausmachen. Um ihm nicht zu diesem Glück zu verhelfen, braucht man eine schwarze Drei. Wer sie auf der Hand hat und nun abwirft, der sperrt damit den Abwurfhaufen für seinen Nachfolger. Da man diese Dreier ja während des Spiels nicht melden darf, kann eine abgeworfene schwarze Drei auch nicht aufgenommen werden.
Erhält man also beim Geben oder später durch Aufnehmen eine oder mehrere schwarze Dreier, so behält man sie auf der Hand, bis man sie zum Sperren des Abwurfhaufens braucht. Man kommt nach kurzer Spielerfahrung dahinter, wie man diese Karten am wirkungsvollsten einsetzt.
Sobald wieder eine andere Karte als eine schwarze Drei oben auf dem Abwurfhaufen liegt, ist der Stoß frei und kann geraubt werden, wenn man die Bedingungen erfüllen kann, die dazu berechtigen.
Werden schwarze Dreier beim Ausmachen als Meldung ausgelegt, so ist jede 5 Punkte wert, wie jede andere niedere Karte auch. Schwarze Dreier dürfen nicht mit wilden Karten kombiniert werden.
Was es mit den roten Dreiern auf sich hat, erfahren wir etwas später. Zunächst sei noch beschrieben, wie man außer mit einer schwarzen Drei den Abwurfhaufen für seinen Nachfolger sperren kann.

Das Einfrieren des Abwurfhaufens

Hat man in einer brenzligen Situation keine schwarze Drei zur Hand, kann man sich behelfen, indem man eine wilde Karte abwirft, also einen Joker oder eine Zwei. Dadurch ist der Abwurfhaufen »eingefroren«, das heißt: Im Anschluß daran darf der Stoß so lange nicht geraubt werden, bis jemand zu der Karte, die sein unmittelbarer Vorgänger abwirft, ein passendes natürliches Paar auf der Hand hat und es zusammen mit der soeben abgeworfenen Karte als Meldung auslegen kann. Mit anderen Worten: Durch das Einfrieren werden dieselben Bedingungen für das Rauben des Abwurfhaufens wiederhergestellt, die zu Beginn des Spiels galten, als noch niemand seine Erstmeldung auf dem Tisch hatte.
Das Einfrieren durch Abwerfen einer wilden Karte ist also erst sinnvoll, wenn die Gegner bereits Meldungen ausgelegt haben. Danach kann man, wenn man wieder an der Reihe ist, beruhigt eine Karte abwerfen, die dem Gegner noch zum natürlichen Canasta fehlte. Er hat ja mit Sicherheit kein passendes Paar mehr dazu auf der Hand!
Da es oft länger dauert, ehe ein eingefrorener Stoß wieder auftaut und sich

inzwischen über der sperrenden wilden Karte viele danach abgeworfene Karten türmen können, legt man die Zwei oder den Joker quer auf den Abwurfstoß. So bleibt sichtbar, daß der Haufen eingefroren ist. Man kann die wilde Karte auch neben den Stoß legen.

Die rote Drei

Die vier roten Dreier in den Farben Herz und Karo spielen eine Rolle, die von der aller übrigen Karten völlig verschieden ist.

Rote Dreier sind reine Prämienkarten; man bekommt eine hohe Punktbelohnung, wenn man sie auslegt. Man sammelt sie jedoch nicht auf der Hand, um sie als Meldung auszulegen. Vielmehr legt man sie sofort aus, sobald man sie auf die Hand bekommt, auch wenn man noch keine Erstmeldung gemacht hat. Für dieses Auslegen darf man sich sofort eine Ersatzkarte vom Talon ziehen. Es ist zwar nicht verboten, rote Dreier auf der Hand zu behalten, doch bringen sie eine Menge Minuspunkte, wenn man sie nicht ausgelegt hat und jemand das Spiel beendet.

Jede ausgelegte rote Drei bringt ihrem Besitzer 100 Punkte. Hat eine Partei das Glück, alle vier roten Dreier zu erhalten, verdoppeln sich die Punkte: Sie sind zusammen 800 Punkte wert.

Allerdings erhält man diese Prämienpunkte nur gutgeschrieben, wenn man seine Erstmeldung machen konnte, ehe das Spiel zu Ende ist. Ausgelegte rote Dreier selbst gelten nicht als Erstmeldung!

Hat jemand rote Dreier ausgelegt, aber keine Meldung auf dem Tisch, so gelten die Prämienpunkte als Minus und werden vom Spielstand abgezogen, wenn ein Gegner das Spiel ausmacht.

Hält jemand bei Spielende noch eine rote Drei auf der Hand, erhält er 500 Strafpunkte.

Es sei noch einmal betont: Rote Dreier sofort auslegen, unabhängig von der Erstmeldung. Hat man rote Dreier beim Geben erhalten, legt man sie sofort aus, sobald man das erste Mal an der Reihe ist. Für jede ausgelegte Drei wird

vom Talon eine Ersatzkarte gezogen. Hat man also beispielsweise beim Geben zwei rote Dreier erhalten, so legt man sie aus, wenn man an der Reihe ist, zieht zwei Ersatzkarten vom Talon und nimmt dann erst eine Karte auf, sei es vom Talon, sei es vom Abwurfstoß.
Rote Dreier dürfen niemals abgeworfen werden.

Das Ausmachen

Sobald ein Spieler bzw. eine Spielerpartei ein Canasta gebildet hat, sei es ein natürliches oder ein gemischtes, hat sie das Recht auszumachen, das heißt, das laufende Spiel zu beenden. Wohlgemerkt: das Recht, nicht aber die Pflicht.
Ausmachen kann jedoch nur derjenige, der in der Lage ist, sämtliche Karten, die er auf der Hand hält, in gültigen Meldungen auszulegen oder an vorhandene Meldungen auf dem Tisch anzulegen. Er kann dabei eine letzte Karte abwerfen, muß dies aber nicht tun, wenn er auch diese Karte in seinen Meldungen unterbringen kann.
Hat jemand auf diese Weise das Spiel beendet, darf niemand mehr Karten in Meldungen auslegen oder an Meldungen anlegen. Auch der Partner des Ausmachers muß alle Karten, die er noch nicht ausgelegt hat, auf der Hand behalten.
Karten, die man nach Beendigung eines Spiels noch auf der Hand hält, werden vom Ergebnis der eigenen Meldungen abgezogen.
Für das Ausmachen darf der betreffende Spieler bzw. seine Partei sich eine Prämie von 100 Punkten gutschreiben, zusätzlich zu den Prämien für Canastas, für rote Dreier und zu den Punkten aus den Werten der ausgelegten Karten.

Ausmachen durch Hand-Canasta

Wenn ein Spieler sämtliche Karten auf einen Schlag in Meldungen auslegen kann, ohne vorher etwas gemeldet zu haben, so beendet er das Spiel durch »Ausmachen aus der Hand«, kurz auch Hand-Canasta genannt.
Selbstverständlich muß er dabei auf der Hand ein vollständiges Canasta gesammelt haben, das er nun zusammen mit anderen Meldungen auslegt. Das Ausmachen durch Hand-Canasta ist bei Spielen zu zweit reizvoll; bei Partnerspielen ist es nur zu Beginn eines Spiels sinnvoll, wenn die Gegenpartei

noch keine Meldung gemacht hat; sonst wird der eigene Vorteil durch die Handkarten des Spielpartners verringert.
Hat sein Partner bereits eine Erstmeldung gemacht und eventuell auch weitere Karten ausgelegt, so gilt das Ausmachen des anderen Spielers nur dann als Hand-Canasta, wenn er seine sämtlichen Karten in eigenen Meldungen unterbringen kann und keine Karte an Meldungen seines Partner anlegen muß.
Hat die betreffende Spielerpartei noch keine Karten ausgelegt, so gilt das Ausmachen durch Hand-Canasta als Erstmeldung. Dabei ist es nicht nötig, die erforderliche Punktzahl für das Erstmelden zu erreichen. Dieses Zugeständnis gilt freilich nur, wenn der Spieler bis zum Ausmachen nur Karten vom Talon gezogen hat. Hat er dagegen zum Ausmachen den Abwurfhaufen aufgenommen, muß er das erforderliche Minimum für Erstmeldungen unbedingt erreichen. Es versteht sich von selbst, daß jemand, der zum Ausmachen aus der Hand den Abwurfhaufen aufnimmt, sämtliche Karten dieses Haufens in eigenen Meldungen unterbringen muß, bis auf die eine vielleicht, die er abwerfen darf, wenn er möchte.
Ausgelegte rote Dreier hindern einen Spieler nicht daran, aus der Hand auszumachen.
Für das Ausmachen aus der Hand darf die betreffende Partei sich 200 Punkte gutschreiben, also doppelt soviel wie für das Ausmachen, wenn Meldungen nach und nach ausgelegt wurden. Diese 200 Punkte erhält man nicht zusätzlich zu den üblichen 100 Ausmach-Punkten, sondern anstatt.

Ausmachen wegen Mangels an Karten

Wenn der Talon vollständig aufgebraucht sein sollte, ehe jemand ausmachen konnte, so endet dieses Spiel auf folgende Weise:
1. Der Spieler, der die letzte Karte gezogen hat, wirft eine Karte ab.
2. Falls der Spieler, der die letzte Karte genommen hat, nicht auf normalem Weg ausmachen konnte, muß der folgende Spieler den Abwurfhaufen nehmen, sofern die oberste, zuletzt abgeworfene Karte an Meldungen seiner Partei paßt und der Stoß nicht durch eine schwarze Drei gesperrt oder durch eine wilde Karte eingefroren ist.
3. Der Spieler, der den Abwurfhaufen genommen hat, legt alle Karten aus, die er melden kann. Danach wirft er eine Karte ab.
4. Hat der Spieler, der den Abwurfhaufen aufgenommen hat, nicht ausgemacht, so muß der nächste die abgeworfene Karte aufnehmen, wenn er sie in eigenen Meldungen bzw. seines Partners unterbringen kann. Danach wirft er eine Karte ab.
5. Dieses Aufnehmen der abgeworfenen Karte und erneutes Abwerfen wird so

lange fortgeführt, bis ein Spieler die abgeworfene Karte seines Vordermannes nicht anlegen kann. Damit endet das Spiel.
6. Endet das Spiel auf diese Weise, erhält keiner der Spieler die Prämienpunkte für das Ausmachen.

Der Spielverlauf

Nachdem wir nun die Grundregeln kennengelernt haben, können wir uns der Beschreibung des eigentlichen Spielablaufs zuwenden. Es ist empfehlenswert, sich beim Spiel zu Hause an die Einzelheiten dieser Beschreibung ebenso zu halten wie an die Grundregeln.

Teilnehmer und Zubehör

Man spielt zu viert. Je zwei Teilnehmer bilden eine Partnerschaft (Partei). Varianten des Spiels für weniger oder mehr als vier Spieler werden im Anschluß beschrieben.
Man nimmt zum Spiel 108 Karten, nämlich 2 x 52 natürliche Karten und vier Joker zusätzlich. Von den 104 natürlichen Karten werden alle acht Zweier zu wilden Karten erklärt. Jeder Spieler erhält zu Beginn jedes Spiels 11 Karten.

Mischen und Geben

Einer der Spieler, der durch Los bestimmt werden kann, wird erster Geber. Er hat die Karten gut zu mischen. Ausreichendes Mischen ist vor jedem Geben wichtig. Beim Einsammeln der Karten bleiben nämlich oft Canastas beisammen, die durch flüchtiges Mischen nicht getrennt werden. Beim späteren Aufnehmen der Karten vom Talon folgt dann mitunter ein halbes Dutzend gleicher Karten hintereinander. Das verfälscht den Spielablauf.
Eine einfache, aber wirkungsvolle Mischmethode besteht darin, die 108 Karten auf dem Tisch auszubreiten, mit den Rückseiten nach oben, und sie durch anhaltendes »Rühren« mit beiden Händen gut durcheinanderzubringen.
Nach dem Mischen läßt der Geber vom rechten Nachbarn abheben. Dabei wird ein Teil der Karten abgehoben, auf den Tisch gelegt, wonach der liegengebliebene Rest auf den abgehobenen Teil gelegt und das Paket so wieder vereint wird.
Nach dem Mischen und Abheben teilt der Geber die Karten aus, mit ihren Rückseiten nach oben. Sie werden einzeln gegeben, reihum und Runde um

Runde, bis jeder Spieler 11 Karten hat. Als erster erhält der Spieler links vom Geber eine Karte. Das Geben geht dann im Uhrzeigersinn weiter.
Den Rest der Karten stapelt der Geber in die Tischmitte, mit den Rückseiten nach oben. Dieser Stapel ist der Talon, von dem im Spielverlauf Karten gezogen werden.
Die oberste Karte des Talons nimmt der Geber auf, dreht sie um und legt sie mit der Bildseite nach oben neben den Talon. Auf dieser Karte bildet sich nach und nach der Abwurfhaufen.
Beim Aufdecken dieser Karte ist folgendes zu beachten:
a) Wird als erste Karte ein Joker oder eine wilde Zwei aufgelegt, so muß der Geber sofort die nächste Karte vom Talon abnehmen und aufdecken. Sie wird auf die wilde Karte gelegt. Sollte sie erneut eine wilde Karte sein, werden so lange weitere Karten aufgedeckt und über die wilden gelegt, bis ein natürlicher Wert erscheint.
b) Wird eine rote Drei oder eine schwarze Drei aufgedeckt, so wird ebenso verfahren, wie unter a) beschrieben.
c) Wird auf eine aufgedeckte wilde Karte eine Drei gelegt, oder auf eine Drei eine wilde Karte, so müssen in gleicher Weise weitere Karten aufgedeckt werden, bis als oberste Karte des Abwurfhaufens bei Spielbeginn ein natürlicher Wert liegt.
d) Wird gleich als erstes eine natürliche Karte aufgedeckt, werden vor Spielbeginn keine weitere Karten gezogen.
Durch das Auflegen einer wilden Karte wird der Abwurfhaufen von Anfang an eingefroren. Da dies aber ohnehin den Bedingungen entspricht, wie sie stets zu Beginn eines Spiels (vor den Erstmeldungen) herrschen, ändert sich dadurch praktisch nichts.

Spielbeginn

Nachdem jeder seine Karten zur Hand genommen und nach der Kartenrangfolge geordnet hat, beginnt der Spieler in Vorhand (links vom Geber) mit dem eigentlichen Spiel.
Hat er beim Geben eine rote Drei erhalten, legt er sie sofort aus und zieht als erstes eine Ersatzkarte vom Talon, so daß er wieder 11 Karten auf der Hand hat. Danach prüft er, ob er die oberste Karte des Abwurfhaufens brauchen und aufnehmen kann. Will er sie nehmen, muß er ja, wie aus der Beschreibung der Grundregeln bekannt, mindestens ein Paar natürlicher Karten vom selben Rang auf der Hand haben und sofort zusammen mit der aufgenommenen Karte eine Erstmeldung von wenigstens 50 Punkten auslegen. Wenn er das nicht

kann – oder nicht will! – nimmt er die oberste Karte vom Talon und steckt sie auf die Hand.
Wie auch immer er sich entscheidet, er muß in jedem Falle eine Karte nehmen. Hat er die oberste Karte des Talons aufgenommen, prüft er, ob er nun seine Erstmeldung auslegen kann, und wenn ja, ob er es tun will. Er ist ja nicht verpflichtet, Meldungen sofort auszulegen, solange er keine Karte vom Abwurfhaufen aufnimmt. Vielleicht möchte er seine Meldungen zunächst lieber zurückhalten, sei es, um den Gegner zu täuschen, sei es, um bald mit Hand-Canasta auszumachen.
Ob er nun Meldungen auslegt oder nicht, er muß stets abschließend eine Karte abwerfen, offen auf den Abwurfhaufen. Er legt sie so dorthin, daß sie alle zuvor abgeworfenen Karten völlig zudeckt, so daß niemand sehen kann, welche Karten außer der obersten sonst noch in dem Haufen liegen. Nachsehen ist nicht erlaubt. Nur eventuell in den Haufen gelegte wilde Karten sollen quer liegen und sichtbar aus dem Stoß herausragen.
Mit dem Abwerfen einer Karte ist für den Spieler sein Turnus zu Ende. Er darf nun nichts aufnehmen oder aus- und ablegen, bis er wieder an der Reihe ist.
Nun kommt der zweite Spieler dran, der links von Vorhand sitzt. Er sieht zunächst nach, ob er rote Dreier hat, legt sie gegebenenfalls aus und zieht sich Ersatzkarten vom Talon. Dann prüft er, ob er die soeben von seinem Vorgänger abgelegte Karte zur Erstmeldung verwenden kann und will. Wenn ja, nimmt er sie auf und legt sie sofort mit passenden Karten seiner Hand zur Erstmeldung von mindestens 50 Punkten aus. Zugleich mit der obersten mußte er auch die darunterliegenden Karten des Abwurfhaufens aufnehmen. Nimmt er den Stoß nicht, zieht er die oberste Karte vom Talon, meldet danach, falls er kann und will, und wirft schließlich eine Karte ab. Damit ist sein Turnus beendet.
Jetzt ist der dritte Spieler an der Reihe, und für ihn ergibt sich eine etwas andere Lage. Sein Partner hat ja bereits gespielt. Sollte dieser die Erstmeldung schon gemacht haben, braucht er, der jetzt an der Reihe ist, keine 50 Punkte mehr, um melden zu können. Er könnte nun beispielsweise die soeben abgeworfene Karte aufnehmen und, sollte sie passen, an die ausgelegte Erstmeldung seines Partners anlegen. Er könnte sie ebensogut mit einer natürlichen Karte aus der Hand und einer wilden Karte kombinieren und als neue Meldung auslegen (was ja bei der Erstmeldung nicht erlaubt ist). Zugleich aber müßte er sämtliche Karten des Abwurfhaufens mit aufnehmen. Was er davon auslegen kann, darf er sofort auf den Tisch bringen. Die restlichen Karten steckt er zur Hand. Die Gesamtzahl seiner Karten erhöht sich dadurch.
Will oder kann er aber den Abwurfhaufen nicht nehmen, so zieht er die oberste Karte vom Talon, prüft, ob er Meldungen auslegen oder Karten aus seiner

Hand an Meldungen seines Partners anlegen kann, und wirft abschließend eine Karte ab. Danach ist als letzter in dieser Runde der Geber an der Reihe und verfährt auf die gleiche Weise.
Zieht ein Spieler eine rote Drei vom Talon, legt er sie sofort aus und nimmt sich eine Ersatzkarte. Nimmt aber jemand eine zu Beginn aufgedeckte rote Drei mit dem Abwurfhaufen auf, so legt er sie zwar auch sofort aus, zieht dafür aber keine Ersatzkarte vom Talon.

Der weitere Spielverlauf

Das Spiel geht in der gleichen Weise wie eben beschrieben weiter, Runde um Runde, bis jemand ausmacht oder bis der Talon aufgebraucht ist.
Jeder, der an der Reihe ist, muß zwischen der obersten Karte des Talons und dem gesamten Abwurfhaufen wählen, kann danach Karten aus- und anlegen und muß abschließend eine Karte abwerfen.
Jeder Spieler bemüht sich dabei, seiner Partei so bald wie möglich zu einem Canasta zu verhelfen, dieses Ziel aber der gegnerischen Partei möglichst zu verbauen. Das geschieht am wirkungsvollsten durch kluges Abwerfen. Taktisch richtiges Abwerfen ist im Canasta-Spiel oft das spielentscheidende Element.
Ein Beispiel dazu: Der Gegner, der nach mir an der Reihe ist, hat fünf Könige gemeldet. Der Spieler selbst hat einen König auf der Hand. Im Abwurfhaufen liegt irgendwo ein weiterer König, den der Partner früher abgeworfen hatte. Wenn der Spieler nun seinen König ebenfalls abwirft, kann der Gegner den Abwurfhaufen nehmen, den obenliegenden König seiner Meldung hinzufügen, den weiteren König ebenfalls — fertig wäre ein natürliches Canasta. Das gilt es zu verhindern. Nach Möglichkeit raubt man also selbst den Abwurfstoß; dann könnte man die beiden Könige (den aus der eigenen Hand und den vom Partner abgeworfenen) zusammen mit einem Joker auslegen. Dann aber würde der Gegner sehen, daß er keine Möglichkeit mehr hat, mit seinen Königen ein echtes Canasta zu bilden. Er würde so bald wie möglich mit zwei wilden Karten ein gemischtes Canasta bilden. Auch das gilt es, wenn möglich, zu verhindern. Sollte der Spieler also den Abwurfstoß rauben können, würde er die Könige nicht auslegen. Falls er jedoch nicht rauben könnte, also eine Karte vom Talon ziehen müßte, dürfte er auf keinen Fall den König abwerfen. Wenn es geht, wählt man statt dessen eine Karte, von der man weiß, daß der Gegner sie nicht brauchen kann. Durch Beobachtung während des Spiels läßt sich das feststellen. Man achtet beispielsweise darauf, was der Gegner abwirft. Solche Werte braucht er offensichtlich nicht (falls er nicht blufft). Hat man keine Karte auf der Hand, von der man sicher sein kann, daß der Gegner sie nicht aufneh-

men darf, so wirft man eine schwarze Drei ab, wenn vorhanden. In äußerster Not könnte man sogar nun eine wilde Karte opfern und abwerfen, um den Stoß einzufrieren. Die Verhinderung eines natürlichen Canasta beim Gegner ist dieses Opfer wert.

Aus diesem Beispiel erkennt man, wie sehr richtiges und überlegtes Abwerfen das Spiel beeinflussen kann. Es ließen sich Dutzende weiterer Beispiele beschreiben. Man wird aber durch eigene Spielerfahrung von selbst und auf vergnüglichere Art dahinter kommen, was kluges Abwerfen bedeutet, als wenn man es hier durch vielleicht verwirrende Beispiele erführe.
Wer den Abwurfhaufen raubt, sollte in jedem Falle unmißverständlich klarstellen, daß er dazu berechtigt ist. Haben er oder sein Partner noch keine Erstmeldung gemacht, so legt der raubende Spieler zunächst das Paar natürlicher Karten aus der Hand auf den Tisch, das zur obersten Karte des Abwurfhaufens paßt. Dann legt er diese oberste Karte dazu, aber noch keine weiteren Karten des Abwurfhaufens. Zuvor nämlich muß er aus der Hand so viele weitere Karten an diese Meldung anlegen oder in weiteren Meldungen auslegen, bis er die nötige Punktzahl für die Erstmeldung erreicht hat. Erst danach darf er den restlichen Abwurfstoß rauben, passende Karten auslegen und die übrigen zur Hand nehmen. Für die Erstmeldung zählt also nur die oberste Karte des Abwurfhaufens, weitere zur Erreichung der Mindestpunktzahl müssen aus der Hand dazugelegt werden.

Hat ein Spieler oder seine Partei die Erstmeldung hinter sich, so legt er, wenn der Abwurfstoß geraubt werden soll, die oberste Karte an eine seiner Meldungen oder an Meldungen seines Partners an. Das genügt ja als Nachweis für das Raubrecht. Paßt die oberste Karte nicht an ausgelegte Meldungen, so legt der Spieler zunächst ein Paar Karten vom selben Rang aus der Hand, wobei nun auch eine wilde Karte dabeisein darf, legt dazu die oberste Karte des Abwurfhaufens, und darf nun den Rest des Haufens nehmen und nach Belieben passende Karten in Meldungen auslegen oder an Meldungen anlegen.

Dieses Aus- und Anlegen von Karten eines geraubten Abwurfhaufens kann mitunter eine zeitraubende (und für die Gegner entnervende) Angelegenheit sein, vor allem, wenn sich in dem Stoß 20 oder 30 oder noch mehr Karten angesammelt haben. Man sollte aber in jedem Falle abwarten, bis der betreffende Spieler mit seiner Aus- und Anlegerei fertig ist und ihn nicht drängen, vorab eine Karte abzuwerfen, damit die anderen inzwischen weiterspielen können. Macht nämlich anschließend jemand aus, solange der Räuber immer noch mit seinen Legearbeiten beschäftigt ist, so kann es leicht Ärger geben.

Das Ende eines Spiels

Ein Spieler darf ausmachen, das heißt, das laufende Spiel beenden, wenn er alle Karten aus seiner Hand in Meldungen auslegen kann. Eine letzte Karte darf er abwerfen, muß dies aber nicht tun.
Voraussetzung für das Ausmachen ist der Besitz wenigstens eines Canastas. Der ausmachende Spieler braucht dieses Canasta nicht selbst gemeldet zu haben; es genügt, wenn sein Partner eines hat.
Da Karten, die ein anderer Spieler zu diesem Zeitpunkt noch auf der Hand hält, als Minus zählen, ist es erlaubt, den Partner zu fragen, ob er mit dem Ausmachen einverstanden ist. Es könnte ja sein, daß er hochwertige Meldungen zurückbehalten hat, um den Gegner zu täuschen, es könnte sein, daß er Joker auf der Hand hat, mit denen er ausliegende Meldungen zu gemischten Canastas ergänzen könnte, es könnte sein, daß er selbst unmittelbar davorsteht, Hand-Canasta zu machen. Um solche Situationen zu vermeiden, die eine Partei mehr kosten würden, als das Ausmachen an Prämienpunkten einbrächte, kann ein Spieler fragen: »Partner, darf ich ausmachen?«
Man sollte darauf achten, daß nicht mehr gefragt wird als dieser eine Satz in dieser Form. Und der gefragte Partner darf darauf nur mit Ja oder Nein antworten, nicht mit weiteren Erklärungen oder mit Wenn und Aber.
Die Antwort des Partners ist für den Frager bindend. Sagt der Partner also Ja, muß der fragende Spieler ausmachen, sagt er Nein, darf er nicht trotzdem ausmachen.
Eine solche Frage scheucht natürlich auch die Gegner auf. Sie wissen nun, woran sie sind, und werden, falls der Partner mit Nein antwortete, schnell noch alles auslegen, was sie bisher vielleicht auf der Hand zurückgehalten haben. Deshalb wird man diese Frage nur in Zweifelsfällen an den Partner richten. Hat der Partner zum Beispiel nur noch wenige Karten auf der Hand, oder erzielt man durch sofortiges Ausmachen einen Vorteil, der auch ein größeres Minus auf der Hand des Partners ausgleicht, so wird man die Frage unterlassen und »still« ausmachen. Der Partner kann diesen Entschluß nicht durch Protest wieder rückgängig machen.
Über das Ausmachen durch Hand-Canasta oder durch Aufbrauchen des Talons ist in den Grundregeln alles Nötige gesagt, so daß sich weitere Ausführungen darüber hier erübrigen.

Die Abrechnung

Sobald das Spiel beendet ist, darf niemand mehr Karten aufnehmen und ebensowenig Karten aus der Hand ablegen oder abwerfen. Alles, was jemand nun noch auf der Hand hält, zählt für ihn bzw. seine Partei als Minus, und wenn es ein komplettes Canasta sein sollte. Allerdings zählen Karten auf der Hand nur mit ihren normalen Zählwerten, nicht aber zusätzlich auch noch mit Prämienpunkten, die man erhalten würde, wenn man Meldungen ausgelegt hätte. Das Nicht-ausgelegt-haben ist in diesem Falle Strafe genug.
Jeder Spieler bzw. jede Partei ermittelt nun zunächst, wie viele Gutpunkte in eigenen Meldungen auf dem Tisch liegen. Zu diesem Zweck werden die Prämien für Canastas, für rote Dreier und für das Ausmachen addiert und aufgeschrieben, es werden ferner die Zählwerte aller in eigenen Meldungen ausliegenden Karten zusammengerechnet und beide Summen vereint. Davon zieht man die Summe der Punkte ab, die sich aus restlichen Handkarten ergeben. Das Ergebnis wird in einer Spielliste notiert und zum Spielstand aus früheren Spielrunden hinzugezählt, so daß sich laufend der Endstand ablesen läßt. Dieser jeweilige Endstand ist nämlich, wie wir ja schon wissen, wichtig für die zur Erstmeldung nötige Mindestpunktzahl.

Punktetabelle für Karten und Prämien

Da die Werte für Karten und Prämien in der bisherigen Beschreibung an verschiedenen Stellen erwähnt wurden, seien sie hier zur besseren Übersicht zusammengefaßt.

Karten- und Prämienwerte	*ausgelegt Plus*	*auf der Hand Minus*
Karten:		
Niedrige Werte (4, 5, 6, 7)	5	5
Hohe Werte (8, 9, 10, Bube, Dame, König)	10	10
As	20	20
Joker	50	50
Zwei	20	20
Schwarze Drei	5	5

Prämien:

Natürliches Canasta	500	
Gemischtes Canasta	300	
Rote Drei	100*	500
Vier rote Dreier	800*	
Ausmachen	100	
Ausmachen aus der Hand	200	

* Nur als Plus, wenn mit einer Meldung verbunden, sonst als Minus.

Es sei wiederholt, daß ausmachen aus der Hand nicht 200 Punkte zusätzlich zur normalen Prämie für das Ausmachen einbringt, sondern insgesamt 200; 100 für das Ausmachen, 100 zusätzlich für das Ausmachen aus der Hand.

Das weitere Spiel

Wenn ein Spiel beendet und das Ergebnis notiert ist, mischt der nächste Geber (der im abgelaufenen Spiel in Vorhand saß), läßt abheben und teilt zum nächsten Spiel die Karten aus.
Der Schreiber hat darauf zu achten, ob ein Spieler bzw. eine Partei in ihrem Spielstand eine der Schwellen (1500 oder 3000 Punkte) überschritten hat und somit in den folgenden Runden nur mit erhöhter Mindestpunktzahl die Erstmeldung auslegen darf. Er hat die betroffene Partei darauf aufmerksam zu machen.

Das Ende der Partie

Wenn ein Spieler bzw. seine Partei 5000 Punkte erreicht oder überschritten hat, ist die Partie zu Ende. Dieses Ziel kann aber nur mit dem regulären Ende eines Spiels erreicht werden, nicht mitten in einem Spiel.
Hat nur eine Partei 5000 Punkte erreicht oder überschritten, ist sie Gesamtsieger. Haben beide Parteien diese Marke erreicht, gewinnt diejenige mit der höheren Punktzahl. Haben beide Parteien völlig gleichen Punktstand, ist das Spiel unentschieden.

Canasta mit verschiedener Mitspielerzahl

Da Canasta auch ein strategisches Spiel ist, wirkt sich die Anzahl der Teilnehmer auch auf den Spielverlauf und die zu bedenkenden Taktiken aus.

Canasta zu zweit

Canasta läßt sich sehr gut auch zu zweit spielen. Man verwendet 108 Karten, gibt aber jedem der beiden Spieler 15 Karten (statt 11 wie im Viererspiel).
Alle Regeln, die bisher für das Partnerspiel beschrieben wurden, gelten sinngemäß auch für das Spiel zu zweit, insbesondere alle Regeln über das Melden, die Erstmeldung, das Aufnehmen des Abwurfhaufens, das Bilden von Canastas und das Abrechnen.
Lediglich für das Aufnehmen vom Talon und für das Ausmachen wurden für das Zweierspiel etwas geänderte Regeln entwickelt. Ein Spieler, der an der Reihe ist und den Abwurfhaufen nicht aufnehmen kann oder will, muß zwei Karten vom Talon nehmen. Er wirft aber in jedem Falle nur eine Karte ab. Um ausmachen zu können, braucht ein Spieler mindestens zwei Canastas.
An diese Sonderregeln muß man sich freilich nicht unbedingt halten. Nach meiner Erfahrung ist auch das Zweierspiel von größerem Reiz, wenn beim Ziehen vom Talon stets nur eine Karte aufgenommen wird. Beläßt man es dabei, sollte man zugleich auch darauf verzichten, zwei Canastas zum Ausmachen zu verlangen.
Spielt man nämlich mit zwei aufzunehmenden Karten und zwei Canastas, ist Hand-Canasta nur selten möglich. Im anderen Falle jedoch, bei Aufnahme nur einer Karte und einem Canasta zum Ausmachen, ist Hand-Canasta sehr häufig und macht einen erheblichen Teil des Reizes und der Spannung im Zweierspiel aus. Überdies empfehle ich, im Zweierspiel nur 13 und nicht 15 Karten zu geben.
Zum Kennenlernen spiele man die eine wie die andere Version ein Weilchen und entscheide sich dann nach eigenem Geschmack.
Zusätzliche Spielbedingungen, an die man sich im privaten Kreis nicht unbedingt halten muß, sind: Erster Geber wird, wer beim Abheben die niedrigere Karte findet. Beim Aufnehmen von zwei Karten vom Talon kann es vorkommen, daß der Talon bis auf eine einzige Karte aufgebraucht ist. Der Spieler, der dann an der Reihe ist und diese letzte Karte aufnimmt, muß sein Spiel fort-

führen, als hätte er zwei Karten gezogen. Ist diese letzte Karte jedoch eine rote Drei, kann er danach weder melden noch abwerfen. Das Spiel endet. Findet ein Spieler beim Aufnehmen der letzten beiden Karten des Talons eine rote Drei, führt er das Spiel fort, kann also melden und abwerfen. Findet er jedoch zwei rote Dreier, endet das Spiel sofort.

Canasta zu dritt

Man spielt mit 108 Blatt. Jeder Spieler erhält 13 Karten. Im übrigen gelten alle Regeln des Viererspiels singgemäß. Partnerschaften gibt es nicht. Jeder spielt gegen jeden.
Nach Vereinbarung kann man auch im Spiel zu dritt jedem Teilnehmer nur 11 und nicht 13 Karten geben.
Beim Spiel um Geld erhält am Schluß der Partie der Spieler mit dem höchsten Punktstand von beiden Spielern die Differenz zu deren Punkten bezahlt. Man kann zusätzlich vereinbaren, daß auch der Spieler an zweiter Stelle bezahlt wird, aber nur von dem dritten, der die wenigsten Punkte hat.
Wird um Geld gespielt, empfiehlt sich in jedem Fall die Auslosung der Sitzordnung und des ersten Gebens: Wer beim Abheben die höchste Karte findet, wählt seinen Sitzplatz. Ihm zur Rechten sitzt der Spieler, der die niederste Karte gefunden hat. Er gibt auch das erste Spiel.

Canasta zu fünft

Man spielt wie zu dritt, es werden also keine Partnerschaften gebildet.
Notwendig sind vier Kartenspiele.

Canasta zu sechst

Sitzt man zu sechst und möchte Canasta spielen, hat man die Wahl zwischen verschiedenen Möglichkeiten:
a) Man bildet zwei getrennte Gruppen aus je drei Spielern. Jede Gruppe spielt für sich Canasta zu dritt. Man braucht in diesem Falle natürlich zwei Kartenpakete mit je 108 Karten.

b) Man bildet zwei Parteien aus je drei Spielern. Eine Gruppe spielt gegen die andere, wobei in jedem Spiel aus jeder Gruppe abwechselnd ein Spieler aussetzt. Die jeweils aktiven Teilnehmer spielen dann Vierer-Canasta.

c) Man bildet zwei Parteien aus je drei Spielern. Eine Gruppe spielt gegen die andere, aber es setzt niemand aus. Die Spieler setzen sich so um den Tisch, daß jeder zwischen zwei Gegnern sitzt. Dann wird sinngemäß nach den Regeln gespielt, die für Vierer-Canasta gelten. Ein Spieler, der ausmachen und seine Partner um Erlaubnis fragen möchte, richtet die Frage »Darf ich ausmachen?« zunächst an den Partner, der links von ihm sitzt. Antwortet dieser mit »Ja« oder »Nein«, hat der Frager sich daran zu halten. Antwortet der Partner jedoch mit »Ich passe«, so muß die Frage an den zweiten Partner gestellt werden. Er antwortet entweder mit »Ja« oder »Nein«, darf aber nicht passen. In diesem Falle ist seine Antwort bindend.

d) Man bildet drei Parteien aus je zwei Spielern, so daß drei Teams gegeneinander spielen. Man nimmt in diesem Falle besser 3 x 52 Karten und fügt sechs Joker hinzu. Man setzt sich so, daß jeder Spieler seinem Partner gegenübersitzt, also rechts einen Gegner der einen und links einen Gegner der anderen Partei als Nachbarn hat.

Sonder- und Zusatzregeln

Obwohl es Standardregeln gibt, an die man sich halten kann, wird Canasta häufig nach abweichenden oder zusätzlichen Regeln gespielt. Das mag gelegentlich aus Unwissenheit geschehen, häufiger aber wohl doch, weil man sich von der geänderten Spielweise eine bessere Unterhaltung verspricht. Da geht es den Canastaspielern ähnlich wie den Skatspielern, die nicht von Ramsch und Bockrunde und Kontra ablassen möchten, obwohl die Turnierregeln dies nicht zulassen. Die häufiger anzutreffenden Sonder- und Zusatzregeln im Canastaspiel seien im folgenden aufgeführt.

Karten

Man spielt mit 110 Karten, nimmt also sechs statt vier Joker ins Spiel. Meine Meinung: sechs Joker sind zuviel. Zusammen mit den acht Zweiern wären dann 14 wilde Karten im Spiel. Nicht selten wird man nun zu einem gemischten Canasta mit drei 50-Punkt-Jokern kommen, der im Wert nur noch um 50 Punkte unter dem natürlichen Canasta liegt. Das Bilden von Canastas wird über Gebühr erleichtert, noch mehr, wenn man mit drei oder gar vier Kartenspielen spielt.

Geben

Man gibt auch im Viererspiel jedem Teilnehmer 13 (statt 11) Karten. Das hat Vor- und Nachteile. Die Vorteile: Man bekommt leichter die zur Erstmeldung nötigen Mindestpunkte auf die Hand und kann gewöhnlich rascher ein Canasta bilden. Genau das kann natürlich auch von manchem als Nachteil empfunden werden: Das Spiel wird zu leicht. Allerdings wird diese Erleichterung wieder durch folgenden Umstand weitgehend aufgehoben: Nach Bildung eines Canastas bleiben dem Spieler (sofern er den Abwurfhaufen nicht aufnimmt) sechs weitere Karten. Er muß nun also beispielsweise zwei Dreiergruppen auslegen, um ausmachen zu können. Beim Spiel mit 11 Karten würde eine Dreier-Meldung genügen. All das ist jedoch im Spiel zu dritt von größerer Bedeutung als im Partnerspiel, wo jeder an Meldungen seines Gegenüber anlegen darf. Wer das Spiel mit 11 Karten nicht aufregend genug findet, kann's ja mal mit 13 probieren. Vielleicht hilft's. Ganz anders sieht die Sache aus, wenn man beim Geben von 13 Karten zugleich auch andere Regeln ändert, z. B. die Mindestpunktzahl für die Erstmeldung erhöht und eventuell auch noch die Gewinnschwelle nicht auf 5000, sondern auf eine höhere Punktzahl festsetzt (siehe Zusatzregeln Erstmeldung und Spielende).

Erstmeldung

Die Mindestpunktzahl für die Erstmeldung wird erhöht, und zwar von 50 — 90 — 120 auf 90 — 120 — 150. Gewöhnlich wird zugleich vereinbart, daß auch im Viererspiel nicht 11, sondern 13 Karten gegeben werden und ein Joker-Canasta auch nach und nach ausgelegt werden darf, so daß als Erstmeldung beispielsweise zwei Joker und eine Zwei erlaubt sind.

Joker-Canasta

Zusätzlich zu natürlichen und gemischten Canastas kann ein Joker-Canasta gebildet werden. Er besteht ausschließlich aus Jokern und Zweiern und wird mit 1000 Punkten bewertet. Mitunter werden noch Unterschiede gemacht: Ein Canasta nur aus Zweiern oder Jokern gilt doppelt soviel wie eines, das neben Zweiern einige Joker enthält. Wird das Canasta bei 108 Karten jedoch aus allen vier Jokern nebst drei Zweiern gebildet, zählt es anderthalbmal soviel wie das »gemischte« aus Zweiern und weniger als vier Jokern.
Das Joker-Canasta ist eine sehr interessante Zusatzmeldung. Bei mir zu Hause wird stets mit Joker-Canasta gespielt. Wir machen aber Einschränkungen, die auf langer Erfahrung beruhen und als Empfehlung gelten mögen: Das Joker-Canasta wird mit 1000 Punkten bewertet. Es wird kein Unterschied gemacht zwischen reinen Zweier-Canastas und »gemischten« Canastas aus Jokern und Zweiern. Ein Joker-Canasta darf nur auf der Hand gebildet, also niemals nach und nach ausgelegt werden. Das Melden von drei bis sechs wilden Karten bleibt also verboten.

Man darf keinesfalls bereits ausgelegte wilde Karten aus anderen Meldungen nehmen und sie mit Karten aus der Hand zu einem Joker-Canasta vereinen.
Eine andere Spielregel besagt, daß echte oder gemischte Joker-Canastas mit einer Auslage von drei Karten begonnen werden dürfen – was für die Erstmeldung eine Erleichterung bedeutet –, dann aber 1000 Punkte Minus zählen, wenn sie nicht vor Spielende auf sieben Joker oder Zweier ergänzt wurden. Beim Partnerspielen ist ein angefangenes Joker-Canasta also eine Hypothek, die aber zu zweit schon abgetragen werden kann.

Aufnehmen des Abwurfhaufens

Man darf den Abwurfhaufen auch dann zur Erstmeldung aufnehmen, wenn man zur obersten Karte kein passendes natürliches Paar auf der Hand hat, sondern nur eine passende Karte und eine wilde Karte. Diese Regel macht das Spiel allerdings zu leicht. Zwar haben auch die Regeln des Regency Clubs in New York ursprünglich diese Spielweise vorgesehen, aber die meisten Spieler haben sich nicht daran gehalten.
Eine Erschwerung des Spielverlaufs bringt die Regel mit sich, daß man, wenn man an der Reihe ist, grundsätzlich nur mit einem Paar in der Hand den Haufen nehmen darf, und zwar erst nach der Erstmeldung, nicht als Teil der Erstmeldung. Bei dieser Spielweise wird das Abwerfen von Karten zur höheren Strategie; man wird versuchen, drei natürliche Karten zu melden und noch zwei in der Hand zu behalten, um den Gegner zu bluffen. Oder man wird notfalls sogar ein entstehendes Canasta abwerfen, wenn man merkt, daß der Gegner von diesen Karten kein Paar besitzt. Kann einer der Spieler dann den Haufen nehmen, ist ihm ein Punktevorsprung gewiß.
Bei dieser Spielweise friert die schwarze Drei den Haufen für den nächsten Spieler ein. Legt man einen Joker oder eine wilde Karte quer über den Haufen, ist er völlig eingefroren für eine Runde. Selbst wenn einer der anderen Spieler ein Paar besitzen sollte, darf er den Haufen damit nicht nehmen. Die erste Möglichkeit dazu hat der Spieler, der den Joker geopfert hat. Manchmal allerdings nützt ihm auch dieses Opfer nichts.

Canastas

Es ist nicht erlaubt, an fertige Canastas weitere Karten anzulegen. Das bedeutet eine Erschwerung des Spiels, denn wenn ein Spieler solche Karten auf die

Hand bekommt, die bereits in einem Canasta liegen, müßte er sie abwerfen. Er darf ja kein zweites Canasta damit bilden.
Eine abweichende Spielregel besagt, daß jede Partei auch ein zweites Canasta des gleichen Rangs mit wilden Karten bilden darf; das trifft vor allem zu, wenn mehr als 108 Karten benützt werden.
Um die Frage zu klären, ob man an fertige Canastas weitere Karten anlegen darf, kann man so verfahren: Liegen die sieben Karten eines Canastas offen gefächert auf dem Tisch, kann man weitere Karten anlegen. In dem Falle allerdings zählt das Canasta nicht 300 (unecht) oder 500 (echt) Punkte, sofern die Gegenpartei Schluß macht. Macht man selbst Schluß, hat man natürlich die Möglichkeit, das Canasta zuzuschieben.
Hat man das Canasta aber zugeschoben — so daß es zählt —, dürfen keine Karten mehr angelegt werden. Das bedeutet also ein Abwägen des Risikos, besonders gegen Ende des Spiels.
Bei vielen Spielern werden Teilmeldungen für unechte Canastas nur akzeptiert, wenn sie eine wilde Karte weniger enthalten als natürliche Karten, also auf zwei natürliche Karten eine wilde, auf drei natürliche Karten zwei wilde und auf vier natürliche Karten drei wilde.

Ausmachen

Für das Ausmachen gelten mancherorts verschärfte Regeln.
1. Ausmachen darf nur, wer ein echtes Canasta hat. Ein gemischtes Joker-Canasta reicht allerdings auch.
2. Ausmachen darf nur, wer so viele Canastas hat, wie er rote Dreier aufgelegt hat. Das allerdings wandelt die Prämienkarte rote Drei fast zum Fluch.
3. Neben dem »normalen« Ausmachen und dem Ausmachen mit Hand-Canasta wird ein sogenanntes »Blatt-Ausmachen« erlaubt. Das bedeutet: Ein Spieler, dessen Partner ein Canasta gebildet hat, legt ohne eigene vorherige Meldung sämtliche Karten auf einmal aus, jedoch ohne selbst ein Canasta zu melden. Ein solches »Blatt-Ausmachen« wird mit 200 Punkten bewertet. Der »echte« Hand-Canasta ist in diesem Falle dann wesentlich mehr wert, gewöhnlich 1000 Punkte. Meine Meinung: Geschmackssache. Der Hand-Canasta ist mit 1000 Punkten jedoch überbewertet.
4. Hand-Canasta wird mit 500 statt mit 200 Punkten bewertet. Meine Meinung: Ein angemessenes Entgelt für das seltene Glück, ein Canasta schon beim Geben auf die Hand zu bekommen, und ebenso ein angemessenes Honorar für das Risiko, das man eingeht, wenn man ein Canasta auf der Hand

bildet. Nur 100 Punkte mehr sind kein ausreichender Anreiz für dieses Risiko. Die Gefahr, daß ein Gegner vorher ausmacht und man seine Karten und Joker als Minus abschreiben muß, ist immerhin groß. Wenn aber aus Furcht vor Verlust niemand Hand-Canasta wagt, verliert das Spiel viel an Reiz.

Rote Drei

Die Prämie für rote Dreier wird nur gutgeschrieben, wenn die betreffende Partei wenigstens ein Canasta gemeldet hat (also nicht nur eine beliebige geringere Meldung ausgelegt hat). Wenn nicht, wird die Prämie abgezogen. Mancherorts muß jede rote Drei durch einen echten oder unechten Canasta abgedeckt werden.

Spielende

Das Spiel ist nicht mit dem Erreichen von 5000 Punkten, sondern erst bei 7500 oder 10000 Punkten beendet. Gewöhnlich wird zugleich auch anderes vereinbart, etwa höhere Prämien oder zusätzliche Meldungen.

Canasta-Varianten

Während aus dem Rommé-Spiel ungezählte eigenständige Varianten entstanden sind, hat Canasta verhältnismäßig wenig Nachkömmlinge. Das hängt einerseits daran, daß Canasta ein recht junges Spiel und selbst ein Abkömmling ist, zum andern daran, daß seine Regeln wohldurchdacht sind und Abweichungen davon nicht viel mehr Spielreiz bieten. Nur eine Canasta-Variante hat es bislang zu internationaler Beliebtheit gebracht: Samba. Daraus wurde wiederum eine Variante gebildet: Bolivia.

Samba-Spielregeln

Man spielt mit 162 Karten, also mit drei Paketen zu je 52 Blatt und zusätzlich sechs Jokern.
Im allgemeinen gelten die Regeln vom Vierer-Canasta, mit folgenden Ausnahmen:
a) Jeder Teilnehmer erhält 15 Karten.
b) Ein Spieler, der vom Talon zieht, nimmt stets zwei Karten zugleich auf. Abgeworfen wird stets nur eine Karte.
c) Als zusätzliche Meldung neben dem Canasta kann eine Sequenz ausgelegt werden, das sind drei oder mehr Karten aus einer Farbe (z. B. lauter Herzkarten), die im Wert lückenlos aufeinanderfolgen. Solche Meldungen sind auch aus dem Rommé-Spiel bekannt.
Die Kartenfolge Kreuz-Sieben / Kreuz-Acht / Kreuz-Neun ist eine Sequenz, die Kartenfolge Kreuz-Sieben / Kreuz-Acht / Pik-Neun aber nicht. Die Kartenfolge Kreuz-Sieben / Kreuz-Acht / Kreuz-Zehn gilt ebenfalls nicht als Sequenz, da zwischen Acht und Zehn eine Lücke ist. Alle Karten einer Sequenz müssen also von einer Farbe sein (Herz oder Karo oder Pik oder Kreuz) und zugleich im Ablauf lückenlos so aufeinanderfolgen: As – Zwei – Drei – Vier – Fünf – Sechs – Sieben – Acht – Neun – Zehn – Bube – Dame – König – As. Das As darf also in einer Sequenz sowohl vor einer Zwei stehen als auch nach

einem König. Eine Sequenz »um die Ecke«, bei der das As in der Mitte steht (König — As — Zwei) ist nicht erlaubt.
Eine Sequenz aus sieben Karten wird Samba genannt. Sie darf in keinem Fall eine wilde Karte enthalten.
d) Es sind nur natürliche Canastas erlaubt, keine gemischten.
e) Wilde Karten können nur in Meldungen ausgelegt werden, die insgesamt weniger als sechs Karten enthalten (also nicht zu vollen Canastas ergänzt werden dürfen) oder in Joker-Canastas (sieben Zweier oder Zweier mit Jokern gemischt). In einer Meldung mit natürlichen Karten dürfen jedoch nie mehr als zwei wilde Karten liegen.
f) Ein Joker-Canasta darf auch nach und nach ausgelegt werden. Man darf also auch drei oder mehr wilde Karten melden.
g) Der Abwurfhaufen darf genommen werden, wenn man zur obersten Abwurfkarte ein natürliches Paar auf der Hand hat und es zusammen mit der Abwurfkarte unmittelbar zu einer Meldung auslegt. Er darf nach der Erstmeldung auch dann genommen werden, wenn man die oberste Abwurfkarte an eine früher ausgelegte Sequenz oder eine andere Meldung ohne wilde Karten anlegen kann. In keinem Falle aber darf man die oberste Abwurfkarte an ein Canasta oder eine Samba anlegen. Man darf ebensowenig die oberste Abwurfkarte nehmen, wenn man sie mit nur einer passenden Handkarte und einer wilden Karte kombinieren kann.
h) Eine Partei darf aus Karten vom selben Rang auch mehrere Meldungen bilden.
i) An ein Canasta oder eine Samba dürfen keine weiteren Karten angelegt werden. Sieben Karten ist die Höchstzahl.
j) Um ausmachen zu können, benötigt eine Partei wenigstens zwei Canastas oder zwei Sambas oder ein Canasta und eine Samba.
k) Die Prämien für rote Dreier werden nur dann gutgeschrieben, wenn eine Partei das Minimum zum Ausmachen hat (also z. B. zwei Canastas). Wer weniger gemeldet hat, dem werden die Prämien für ausgelegte rote Dreier abgezogen. Für sechs rote Dreier in einer Hand werden 600 Punkte zusätzlich gutgeschrieben oder abgezogen.
l) Beim Ausmachen können drei bis sechs schwarze Dreier als Meldung ausgelegt werden, sonst aber zu keiner Zeit.
m) Das Ausmachen wird mit einer Prämie von 200 Punkten belohnt. Extraprämien für Hand-Ausmachen gibt es nicht. Auch beeinflußt Hand-Ausmachen nicht die zur Erstmeldung nötige Mindestpunktzahl. Wer alle Karten auf einmal meldet, bevor seine Partei gemeldet hat, muß in jedem Falle die zur Erstmeldung nötige Punktzahl erreichen.
n) Die Partie hat gewonnen, die zuerst 10000 Punkte erreicht oder überschrei-

tet. Haben nach dem Ende eines Spiels beide Parteien 10000 oder mehr Punkte, gewinnt die Partei mit dem höheren Ergebnis. Bei Gleichstand ist das Spiel unentschieden.
o) Eine Samba wird mit 1500 Punkten bewertet, ein Joker-Canasta mit 2000 Punkten.
p) Sobald eine Partei 7000 Punkte erreicht hat, benötigt sie für die Erstmeldung eine Mindestpunktzahl von 150. Im übrigen gelten für die Erstmeldungen die Mindestwerte des Canasta-Spiels.

Sonderregeln

Auch für Samba haben sich bereits abweichende Regeln gebildet. Sie seien hier zusammengefaßt und persönlicher Spielerfahrung überlassen.
Ein Canasta darf wilde Karten enthalten, jedoch nie mehr als drei; eine Samba darf aber nach wie vor in keinem Fall mit wilden Karten kombiniert sein. Das gemischte Canasta zählt wie üblich 300 Punkte.

Bewertung

Die Mindestpunktzahl für die Erstmeldung staffelt sich so: 50, solange man unter 3000 steht, 90 bei einem Punktstand zwischen 3000 und 4995, 120 für den Punktstand zwischen 5000 und 6995, 160 für einen Punktstand ab 7000.
Nach dem Geben werden zunächst drei Karten vom Talon verdeckt, also mit dem Rücken nach oben, als Beginn des Abwurfhaufens abgelegt, die vierte offen (und erst dann gelten die Regeln für das Aufdecken einer wilden Karte oder einer roten Drei). Diese drei verdeckt hingelegten Abwurfkarten werden »Surprise« genannt, Überraschung.
Man fügt dem Spiel nicht nur sechs, sondern neun Joker hinzu, spielt also mit 165 Karten. Man kann auch bei größerer Spielerzahl mit 4 x 55 Karten spielen.
In diesem Fall unterscheidet man zwischen einem echten Joker-Canasta (sieben Joker = 4000 Punkte), einem echten Zweier-Canasta (sieben Zweier = 3000 Punkte) und einem gemischten wilden Canasta (aus Zweiern und Jokern = 2000 Punkte).
Ein reines As-Canasta wird mit 1000 Punkten bewertet, ein gemischtes (mit einer oder zwei wilden Karten) mit 500 Punkten.
Sind gemischte Canastas erlaubt, so darf ausmachen, wer zwei Canastas (ob echt oder gemischt) oder ein Canasta und eine Samba oder zwei Sambas gemeldet hat.

Wer nach dem Ausmachen schwarze Dreier auf der Hand hält, erhält für jeden 100 Minuspunkte. Oder er darf mindestens drei, höchstens vier auslegen.

Aufnehmen des Abwurfhaufens

Wie bei den Sonderregeln für Canasta erläutert, darf der Abwurfhaufen grundsätzlich während des ganzen Spiels nur mit einem Paar aus natürlichen Karten genommen werden, und zwar erst, wenn die Erstauflage mit den Mindestaugen erfolgt ist. Das Abwerfen ist insofern noch schwieriger, als der Gegner vermeiden muß, Karten abzuwerfen, die für eine noch nicht vollendete Samba gebraucht werden.
Auch hier friert ein Joker oder eine wilde Karte den Haufen ein, bis die Runde wieder bei dem Spieler angelangt ist, der die wilde Karte geopfert hat. Er darf als erster wieder den Abwurfhaufen mit einem Paar nehmen, das er sofort auslegen muß. Kann er das nicht, steht es dem nächsten Spieler frei, den Haufen mit einem Paar zu nehmen.

Sambas

Legt man drei Karten einer Sequenz (Samba) auf und kann sie bis Spielende nicht auf sieben fortlaufende Karten ergänzen, zählt die Meldung 1500 Punkte Minus. Legt man fünf Karten einer Sequenz auf und kann sie nicht auf sieben Karten ergänzen, zählt sie bei der Abrechnung den Kartenwert als Pluspunkte; diese Auslage wird nicht bestraft.
Beim Partnerspiel kommt dieser Sonderregel eine gewisse Bedeutung zu, denn die riskante Auslage von drei Karten zeigt dem Partner, was man sammelt. Häufig hat man selbst weitere Karten der Sequenz mit Lücken in der Hand, und der Partner kann möglicherweise die Lücken füllen. Andererseits gibt man damit auch dem Gegner den Hinweis, welche benötigten Karten er in der Hand behalten sollte.
Eine Samba von As bis König zählt 3000 Punkte. Sie kann nacheinander an die Grundsamba angelegt werden. Wird sie allerdings bis zum Ende des Spiels nicht voll, wird der Versuch des Weiterbaus mit 1500 Strafpunkten belegt. Sambas bleiben grundsätzlich aufgefächert auf dem Tisch liegen, damit man sie bei der Endabrechnung erkennt.

Bolivia

Aus Standard- und Sonderregeln von Samba ist eine Spielvariante entstanden, die unter dem eigenständigen Namen Bolivia bekannt ist. Hier zählt ein Canasta aus wilden Karten 2500 Punkte; es darf in Raten ausgelegt werden. Für jede schwarze Drei, die man nach dem Ausmachen noch auf der Hand hält, wird man mit 100 Minuspunkten bestraft. Das Spiel ist zu Ende, wenn eine Partei 15000 Punkte erreicht oder überschritten hat. Im übrigen gelten die Standardregeln von Samba, die nach Belieben auch durch die unter Sonderregeln beschriebenen Abweichungen ersetzt werden können. Auch hier gilt, wie bei allen Rommé- und Canasta-Varianten: Jede vereinfachende oder verschärfende Sonder- und Privatregel, die den Spaß der beteiligten Spieler erhöht, ist erlaubt. Man sollte sich nur vor Spielbeginn über die geltenden Regeln einigen.

Südamerikanisches Canasta

In lateinamerikanischen Ländern trifft man auf eine Canasta-Variante, die sich neben einer etwas veränderten Zählweise vor allem durch die Möglichkeit eines Sperr-Canastas von der bisher beschriebenen Form unterscheidet.
Das Sperr-Canasta wird gebildet aus vier schwarzen Dreiern und drei wilden Karten, die gleichartig sein müssen, also entweder aus drei roten Zweiern oder drei schwarzen Zweiern oder drei Jokern. Es zählt 1500 Punkte und darf nicht nach und nach ausgelegt werden, sondern muß komplett aus der Hand auf den Tisch. Seine Meldung kommt dem Ausmachen gleich, das heißt, es beendet das Spiel sofort, einerlei, ob der Melder noch weitere Karten auf der Hand behält oder nicht. Alle bis dahin ausgelegten Meldungen der Gegner gelten nicht und werden nicht bewertet.
Gemischte Canastas werden gestaffelt bewertet, je nachdem, wie viele wilde Karten sie enthalten. Ein Canasta mit drei wilden Karten zählt 200 Punkte, mit zwei wilden Karten 300 und mit einer 400. Das reine Canasta ohne wilde Karten bringt 500 Punkte.
Hat man ein reines Canasta noch nicht gemeldet (noch nicht zusammengeschoben), so darf die noch im Spiel befindliche achte Karte hinzugefügt werden, sobald man sie auf die Hand bekommt. Dieses Achter-Canasta zählt dann 750 Punkte. Macht freilich jemand aus, bevor die achte Karte auftauchte, so gelten die nicht zusammengeschobenen sieben Karten nicht als Canasta und werden nur mit ihrem Kartenwert berechnet.

Für die Erstauslage bei Spielbeginn und bis zum Stand von 1495 Punkten benötigt man 60 Augen, danach 90 Augen, ab 3000 Punkten 120 Augen. Im übrigen gelten die Regeln des »normalen« Canasta.

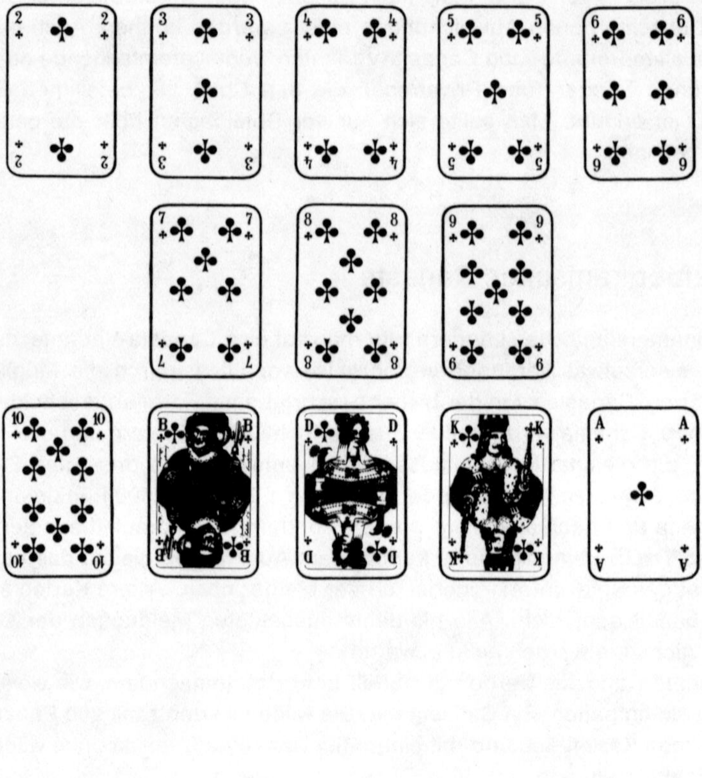

Die Canasta-Regeln des Regency Club

Im folgenden werden die »Offiziellen Canasta-Regeln« im Wortlaut veröffentlicht, wie sie Mitglieder des Regency Whist Club in New York gemeinsam mit Experten der National Canasta Laws Commissions der USA und Argentiniens in den Jahren zwischen 1948 und 1951 aufgestellt haben.
Diese als »offiziell« bezeichneten Regeln sind natürlich für das Spiel zu Hause so sehr oder so wenig verbindlich wie etwa die Regeln des Deutschen Skatverbandes für das private Skatspiel. Aber es empfiehlt sich doch, sie zu beachten, wenngleich vieles, was hier geregelt wird, im privaten Kreis kaum einer Diskussion bedarf.
Manches, was in diesem Buch bereits beschrieben wurde, wiederholt sich in diesem Regelwerk. Wegen der besseren Verständlichkeit und um den Text nicht zu zerreißen, wurden solche Wiederholungen jedoch nicht getilgt.

Offizielle Canasta-Regeln für vier Spieler

Das Spiel

1. Canasta ist ein Spiel der Rommé-Familie. Eine Partie setzt sich aus mehreren Spielen zusammen. Sie endet mit dem Schluß jenes Spiels, in dem eine oder beide Parteien 5000 Punkte oder mehr erreicht haben. Die Partei mit dem höheren Punktestand gewinnt. Sollten beide Parteien denselben Punktestand haben, ist die Partie unentschieden.

Die Karten

2. Canasta wird mit 108 Karten gespielt. Zwei Standard-Kartenspielen zu je 52 Blatt werden vier Joker hinzugefügt.

Vorbereitungen

3. Sitzordnung, Partnerschaften und das erste Spiel werden ausgelost. Jeder Spieler hebt vom kompletten, gemischten Kartenstapel einen Teil ab. Die jeweils unterste Karte entscheidet. Für diesen Zweck haben die Karten folgenden Rang: As (hoch) — K — D — B — 10 — 9 — 8 — 7 — 6 — 5 — 4 — 3 — 2 (niedrig). Die Farben haben für diese Verlosung folgenden Rang: Pik vor Herz, Herz vor Karo, Karo vor Kreuz. Wenn zwei Spieler gleiche Karten finden, müssen sie erneut abheben; das verändert aber in keinem Fall ihren Rang gegenüber den beiden anderen Spielern. Wenn beim Abheben ein Spieler einen Joker findet oder mehr als eine Karte offenlegt oder eine der vier Karten am Anfang oder am Ende des Stapels zieht, muß er erneut abheben.
4. Der Spieler, der die höchste Karte abgehoben hat, kann sich einen beliebigen Sitzplatz wählen. Der Spieler mit der zweithöchsten Karte setzt sich ihm gegenüber. Die beiden anderen Spieler nehmen die übrigen Sitzplätze ein. Spieler, die einander gegenüber sitzen, sind in diesem Spiel Partner.
5. a) Der Spieler, der die höchste Karte abgehoben hatte, hat das Recht des Anspiels. Der Spieler rechts von ihm gibt. Danach wechselt das Geben im Uhrzeigersinn (nach links).
b) Jeder Spieler darf die Karten mischen, doch hat der Geber das Recht, sie als letzter zu mischen. Der Spieler zur Rechten des Gebers muß das Kartenpaket vor dem Geben abheben.
6. a) Elf Karten werden, mit den Bildseiten nach unten, einzeln reihum jedem Spieler gegeben, angefangen beim Spieler zur Linken des Gebers und weiter im Uhrzeigersinn. Die 45. Karte wird umgedreht und mit der Bildseite nach oben auf den Tisch gelegt, als Anfang des Abwurfhaufens. Der Rest des Kartenpakets, der Talon, wird neben die aufgedeckte Karte gestapelt.
b) Ist die aufgedeckte Karte ein Joker, eine Zwei, eine rote Drei oder eine schwarze Drei, so wird die oberste Karte des Talons umgedreht und über Kreuz auf die erste aufgedeckte Karte gelegt; wenn nötig, werden weitere Karten vom Talon aufgedeckt, bis eine andere Karte als ein Joker, eine Zwei, eine rote oder schwarze Drei auf dem Abwurfhaufen liegt.
c) Kein Spieler darf seine Karten ansehen oder aufnehmen, bevor das Geben beendet ist. Das Geben beginnt nach dem Abheben und endet, wenn die erste korrekte Karte auf dem Abwurfhaufen liegt.

Geben außer der Reihe

7. a) Wurde außer der Reihe gegeben und der Fehler entdeckt, ehe das Spiel begonnen hat, so wird nicht neu gegeben. Das Spiel beginnt aber bei demjeni-

gen, der bei richtigem Geben zum Anspiel berechtigt gewesen wäre. Er gibt auch die Karten zum nächsten Spiel, so daß die korrekte Reihenfolge wieder hergestellt ist.
b) Wird erst nach Spielbeginn entdeckt, daß außer der Reihe gegeben wurde, wird das Spiel fortgesetzt. Das Geben wechselt im nächsten Spiel so, als wäre das falsche Geben korrekt gewesen.

Wiederholung des Gebens

8. Das Geben muß wiederholt werden, wenn:
a) während des Gebens festgestellt wird, daß nicht abgehoben wurde.
b) der Geber beim Geben aus Versehen eine Karte aufdeckt.
c) nach Spielbeginn, aber bevor der Geber zum erstenmal an die Reihe kommt, entdeckt wird, daß:
   1. ein Spieler mehr oder weniger als elf Karten erhalten hat;
   2. eine Karte im Talon umgekehrt, also mit dem Bild nach oben liegt;
   3. im Talon oder auf der Hand eines Spielers eine nicht zum Spiel gehörende Karte steckt.

Wird eine dieser Unkorrektheiten entdeckt, nachdem jeder Spieler einmal in der Runde an der Reihe war, wird das Spiel ohne Korrektur fortgesetzt (Ausnahme: siehe 32 c).

Der Spielablauf

9. Die Spieler spielen abwechselnd, angefangen mit dem Spieler zur Linken des Gebers. Ein Spielablauf setzt sich aus drei Teilen zusammen:
a) dem Aufnehmen (Ziehen),
b) dem Melden,
c) dem Abwerfen.

Das Aufnehmen (Ziehen) von Karten

10. a) Zum Aufnehmen von Karten während des Spiels zieht ein Spieler die oberste Karte vom Talon oder vom Abwurfstoß.
b) Ein Spieler, der an der Reihe ist, hat stets das Recht, die oberste Karte des Talons zu nehmen und sie zu seinen Handkarten zu stecken. Unter bestimmten Voraussetzungen kann er statt dessen auch den Abwurfhaufen aufnehmen (siehe Regeln 13 b2, 14 a und 14 b). Die Wahl ist unumstößlich. Ein Spieler muß diejenige der Karten nehmen, die er als erstes berührt, es sei denn, er berührt sie aus Versehen oder offensichtlich nur zu dem Zweck, einen Stapel

zu ordnen. Legt er Karten aus der Hand auf den Tisch in der eindeutigen Absicht, den Abwurfhaufen zu nehmen, muß er diesen aufnehmen.
c) Wenn ein Spieler seine Berechtigung, die oberste Karte des Abwurfhaufens zu nehmen, nachgewiesen hat, werden alle restlichen Karten des Abwurfhaufens sein Besitz (Ausnahme siehe d).
d) Vergißt ein Spieler, alle Karten des Abwurfhaufens zu nehmen, ist es Pflicht aller anderen Spieler, ihn auf das Versehen aufmerksam zu machen. Er behält sein Recht auf diese Karten, bis der nächste Spieler gezogen hat. Danach werden sie Teil des neuen Abwurfhaufens. Wenn auf diese Weise eine rote Drei oder eine wilde Karte liegengelassen wird, bleibt der Abwurfstoß eingefroren (siehe Regel 17).

Das Melden

11. a) Ein Spieler, der an der Reihe ist, darf drei oder mehr Karten vom selben Rang mit den Bildseiten nach oben auf den Tisch legen oder Karten an solche Gruppen anlegen, die seine Partei bereits ausgelegt hat. Solche Gruppen von Karten werden Meldungen genannt, das Auslegen solcher Gruppen oder das Anlegen an bereits ausgelegte nennt man melden (siehe Regeln 12, 13, 14 und 15). Ein Spieler darf mehr als eine solche Gruppe von Karten melden, wenn er an der Reihe ist.
b) Eine Partei darf Karten vom selben Rang melden wie ihre Gegner, aber sie darf nicht Karten vom selben Rang in zwei getrennten Meldungen auslegen. Falls doch, werden die Regeln 11 g, 27 b4 und 28 b angewendet.
c) Ein Spieler darf nicht Karten an Meldungen seiner Gegner anlegen.
d) Joker oder Zweier (wilde Karten genannt) können zum Melden als Karten von beliebigem Rang verwendet werden. Jedoch muß jede Meldung mindestens zwei natürliche Karten (das sind andere als wilde) und darf nicht mehr als drei wilde Karten enthalten (siehe Regel 27 b4).
e) Eine Karte gilt als gemeldet, sobald sie in der offensichtlichen Absicht, sie zu melden, offen auf den Tisch gelegt wird. Ist es zweifelhaft, wo eine gemeldete Karte hingehört, kann jeder Spieler verlangen, daß die Meldung eindeutig geordnet wird.
f) Karten, die ein Spieler vom Abwurfhaufen zur Hand nimmt, können sofort wieder gemeldet werden.
g) Eine regelrecht gemeldete Karte darf nicht wieder auf die Hand genommen oder abgeworfen werden; sie darf auch nicht verschoben werden, es sei denn, zwei Meldungen von Karten desselben Rangs müssen vereint werden. (Sollte eine so vereinte Meldung mehr als drei wilde Karten enthalten, werden die Regeln 27 b4 und 28 b angewendet.)

h) Wenn ein Spieler eine Karte nicht regelgerecht meldet, darf er sie sofort verschieben, um eine erlaubte Meldung zu erhalten (siehe Regel 29). Ist er dazu nicht in der Lage, wird Regel 27 angewendet.
i) Alle Meldungen einer Partei werden vor einem der beiden Partner ausgelegt; zwischen den Meldungen des einen oder anderen Partners gibt es keinen Unterschied.

Kartenwerte beim Melden

12. Bei der Erstmeldung und am Ende jedes Spiels werden gemeldete Karten mit folgenden Punkten bewertet:
Jeder Joker 50, jedes As oder jede Zwei 20, jeder König, jede Dame, jeder Bube, jede Zehn, Neun oder Acht 10, jede Sieben, Sechs, Fünf, Vier oder schwarze Drei 5.
Joker zählen stets 50, Zweier stets 20 Punkte, auch wenn sie in einer Meldung natürliche Karten von anderem Wert ersetzen.
Ungemeldete Karten haben den gleichen Zählwert wie gemeldete Karten, nur werden ihre Punkte abgezogen.

Die Erstmeldung

13. a) Die jeweils erste Meldung einer Partei in jedem Spiel muß einen Mindestpunktwert in folgender Höhe haben:
15, wenn die Partei bei Spielbeginn im Minus steht;
50, wenn ihr Spielstand bei Spielbeginn zwischen 0 und 1495 beträgt;
90, wenn ihr Spielstand bei Spielbeginn zwischen 1500 und 2995 liegt;
120, wenn ihr Spielstand bei Spielbeginn 3000 oder mehr beträgt.
b) Eine Partei darf ihre Erstmeldung nur machen, wenn alle gemeldeten Karten zusammen wenigstens 15, 50, 90 oder 120 Punkte zählen, je nachdem, welchen Spielstand sie bei Spielbeginn hat. Ein Spieler darf die Mindestpunktzahl auch aus mehreren Gruppen von Meldungen zusammensetzen, vorausgesetzt, er kann sie auf einmal auslegen. Die Erstmeldung kann auf eine der folgenden Arten gemacht werden:

1. nach dem Aufnehmen einer Karte vom Talon durch Auslegen regelrecht gemeldeter Karten, die einen Wert haben, der gleich oder größer ist als der erforderliche Mindestwert.
2. vor dem Aufnehmen durch Auslegen von zwei oder mehr natürlichen Karten, die vom selben Rang sind wie die oberste Karte des Abwurfhaufens, wobei diese Karten (wenn nötig, mit anderen Meldungen aus der Hand) zusammen mit der obersten Karte des Abwurfhaufens einen Wert

haben müssen, der gleich oder größer ist als der erforderliche Mindestwert.

c) Prämienpunkte für rote Dreier (siehe Regel 21 f) oder Canastas (siehe Regel 15 b) können nicht herangezogen werden, um den erforderlichen Mindestwert für die Erstmeldung zu erreichen. Ebensowenig werden Strafpunkte dazu benützt, die erforderliche Mindestpunktzahl der Erstmeldung zu verändern. Sie werden erst am Ende des Spiels abgezogen.

Folgende Meldungen

14. a) Nachdem ein Spieler gemeldet und seinen Turnus beendet hat, darf er oder sein Partner, sobald einer der beiden wieder an der Reihe ist, den Abwurfhaufen nehmen, indem er:

1. aus seiner Hand zwei oder mehr Karten vom selben Rang wie die oberste Abwurfkarte auslegt.
2. aus seiner Hand eine wilde Karte auslegt und eine natürliche Karte vom selben Rang wie die oberste Abwurfkarte (Ausnahme: siehe Regel 14 b).
3. die oberste Abwurfkarte an eine Meldung seiner Partei anlegt, auch wenn diese Meldung noch kein Canasta ist (Ausnahme: siehe Regeln 14 b und 14 c).

b) Wenn der Abwurfhaufen eine wilde Karte (Joker oder Zwei) oder eine rote Drei enthält, gilt er als eingefroren. Ein Spieler, der an der Reihe ist, kann den eingefrorenen Abwurfhaufen nur nehmen, wenn er aus der Hand ein Paar natürlicher Karten auslegen kann, die vom selben Rang sind wie die oberste Abwurfkarte. Handelt es sich dabei um seine Erstmeldung, muß er zugleich die erforderliche Mindestpunktzahl erreichen (siehe Regel 13).

c) Ein Spieler, der nur noch eine Karte auf der Hand hat, darf den Abwurfhaufen nicht nehmen, wenn er nur aus einer Karte besteht.

Canastas

15. a) Ein Canasta ist eine Meldung aus sieben oder mehr Karten vom selben Rang; sie muß wenigstens vier natürliche Karten und darf höchstens drei wilde Karten enthalten. Die sieben Karten eines Canastas können auf einmal gemeldet oder nach und nach in mehreren Runden ausgelegt werden.

b) Wenn ein Spiel beendet ist, darf sich jede Partei für ihre Canastas folgende Prämienpunkte gutschreiben:

500 Punkte für jedes natürliche Canasta, das nur aus natürlichen Karten besteht;
300 Punkte für jedes gemischte Canasta, das eine bis drei wilde Karten enthält.
Die Canasta-Prämie kann nicht zur Berechnung der Mindestpunktzahl für die Erstmeldung herangezogen werden.
c) Die Karten eines Canastas werden zu einem Stapel zusammengeschoben, so daß nur die oberste Karte erkennbar bleibt. Auf einem natürlichen Canasta sollte obenauf eine rote Karte liegen, auf einem gemischten eine schwarze (falls vorhanden).
d) Die Karten eines gestapelten Canastas dürfen nur nachgesehen werden, wenn:

1. nach seiner Fertigstellung der folgende Spieler noch nicht abgeworfen hat.
2. ein Spieler die Absicht hat, eine oder mehr wilde Karten hinzuzufügen.
3. das Spiel zu Ende ist.

e) Ein Spieler darf, wenn er an der Reihe ist:

1. weitere passende Karten oder wilde Karten zu einem Canasta hinzufügen, doch darf das Canasta nie mehr als drei wilde Karten enthalten. Das Hinzufügen einer wilden Karte zu einem natürlichen Canasta verwandelt es in ein gemischtes Canasta.
2. den Abwurfhaufen nehmen, wenn er die oberste Abwurfkarte einem Canasta hinzufügen kann (Ausnahme: siehe Regeln 14 b und 14 c).

Das Abwerfen

16. a) Eine Karte gilt als abgeworfen, wenn ein Spieler sie von seinen Handkarten in der offensichtlichen Absicht trennt, sie abzuwerfen, sei es, daß er sie auf den Abwurfhaufen legt, sei es, daß er sie so hält, daß sein Partner sie erkennen kann.
b) Jeder Spieler muß, so oft er an der Reihe ist, zum Schluß eine Karte abwerfen und danach wenigstens eine Karte auf der Hand behalten (Ausnahme: siehe Regeln 18 a und 21 e).
c) Eine abgeworfene Karte darf nicht zurückgenommen werden (Ausnahme: siehe Regeln 21 j, 31 b und c).
17. a) Die erste wilde Karte oder rote Drei als Abwurfkarte sollte neben den restlichen Abwurfhaufen oder über Kreuz darüber gelegt werden.
b) Wenn ein Spieler eine wilde Karte abwirft, kann der folgende Spieler sie nicht nehmen; sollte er es nicht schon sein, so gilt der Abwurfhaufen nun als eingefroren.

Ausmachen

18. a) Sobald ein Spieler alle Karten aus seiner Hand gemeldet hat, endet dieses Spiel. Der Spieler, der auf diese Weise ausmacht, muß keine Karte abwerfen.
b) Ein Spieler kann nur ausmachen, wenn seine Partei früher im Spiel ein Canasta gebildet hat oder er nun beim Ausmachen eines bildet.
c) Für das Ausmachen wird die betreffende Partei mit 100 Prämienpunkten belohnt.

Verdecktes Ausmachen (Hand-Canasta)

19. a) Ein Spieler macht verdeckt aus, wenn er, ohne vorher gemeldet zu haben:

1. alle Karten aus seiner Hand auf einmal in Meldungen auslegt, einschließlich wenigstens eines Canastas, und
2. dabei keine Karten an Meldungen anlegt, die sein Partner früher gemacht hat.

Ein Spieler, der eine rote Drei ausgelegt hat, verliert dadurch nicht das Recht, verdeckt auszumachen. Ein Spieler, der verdeckt ausmacht, muß keine Karte abwerfen, darf es aber.
b) Verdecktes Ausmachen wird mit einer Prämie von 200 Punkten belohnt (anstelle, aber nicht zusätzlich zur Prämie von 100 Punkten für normales Ausmachen).
c) Ein Spieler, der eine Karte vom Talon aufnimmt und verdeckt ausmacht, braucht die erforderliche Mindestpunktzahl für die Erstmeldung nicht zu erreichen.
d) Ein Spieler darf den Abwurfhaufen mit einer oder mehreren Karten aufnehmen und verdeckt ausmachen, vorausgesetzt, er ist dazu berechtigt. In diesem Falle muß der Spieler die für Erstmeldungen erforderliche Mindestpunktzahl erreichen, falls sein Partner noch nicht gemeldet haben sollte.

Schwarze Dreier

20. a) Wenn der Geber als erste Abwurfkarte eine schwarze Drei aufdeckt, muß er eine weitere Karte vom Talon umdrehen und auf die Drei legen (siehe Regel 6 b); der Abwurfhaufen wird dadurch aber nicht eingefroren.
b) Wenn ein Spieler eine schwarze Drei abwirft, darf der nächste Spieler, der an der Reihe ist, den Abwurfhaufen nicht aufnehmen.
c) Ein Spieler darf drei oder vier schwarze Dreier aus seiner Hand melden,

wenn er gleichzeitig ausmacht, sonst nicht. Schwarze Dreier dürfen nicht mit wilden Karten kombiniert werden.

Rote Dreier

21. a) Wenn der Geber als erste Abwurfkarte eine rote Drei aufdeckt, muß er eine weitere Karte vom Talon umdrehen und auf die Drei legen (siehe Regel 6 b).

b) Ein Spieler, der beim Geben eine oder mehrere rote Dreier erhält, legt sie, sobald er zum erstenmal an der Reihe ist, offen vor sich auf den Tisch und ergänzt seine Hand wieder auf elf Karten, indem er für jede rote Drei eine Ersatzkarte vom Talon zieht. Erhält er dabei eine weitere rote Drei, legt er sie ebenfalls offen aus und nimmt sich unmittelbar anschließend eine Ersatzkarte vom Talon. Sobald er elf Karten auf der Hand hat, ohne daß eine rote Drei dabei ist, beginnt er mit seinem eigentlichen Spiel und nimmt eine Karte vom Talon oder den Abwurfhaufen auf. Wenn ein Spieler es versäumt, für eine ausgelegte rote Drei eine Ersatzkarte zu ziehen, verfällt sein Recht darauf, sobald der nächste Spieler eine Karte aufnimmt oder aus seiner Hand Karten ablegt in der erkennbaren Absicht, den Abwurfhaufen zu nehmen.

c) Wenn ein Spieler in der Folge eine rote Drei vom Talon aufnimmt, legt er sie offen auf den Tisch und zieht sofort eine Ersatzkarte vom Talon.

d) Wenn ein Spieler einen Abwurfhaufen aufnimmt, worin eine oder mehrere rote Dreier liegen, legt er die roten Dreier offen auf den Tisch, zieht dafür aber keine Ersatzkarten vom Talon.

e) Ist die letzte Karte des Talons eine rote Drei, so legt sie der Spieler, der sie aufnimmt, offen auf den Tisch. Er darf danach weder melden noch eine Karte abwerfen. Das Spiel ist zu Ende.

f) Am Ende eines Spiels erhält eine Partei, die eine regelgerechte Meldung gemacht hat, für jede ausgelegte rote Drei eine Prämie von 100 Punkten und eine zusätzliche Prämie von 400 Punkten (also 800 insgesamt) für alle vier roten Dreier. Hat die Partei keine Meldung gemacht, werden ihr für ausgelegte rote Dreier ebensoviele Punkte vom Spielstand abgezogen.

g) Wenn ein Spieler gleich zu Beginn in der ersten Runde ausmacht, werden die Prämien für rote Dreier im Besitz von Spielern, die noch nicht an der Reihe waren, entsprechend Absatz f gutgeschrieben oder abgezogen. Ersatzkarten dafür werden aber nicht gezogen.

h) Hat ein Spieler versehentlich versäumt, eine rote Drei bei erster Gelegenheit auszulegen, und der folgende Spieler hat bereits aufgenommen, kann der Fehler korrigiert werden, wenn der betreffende Spieler das nächste oder ein folgendes Mal wieder an der Reihe ist. Er muß in diesem Falle aber eine Karte vom Talon aufnehmen und darf nicht den Abwurfhaufen rauben. Sollte jedoch das Spiel zu Ende sein, ehe die Korrektur gemacht wurde, erhält die betreffende Partei 500 Strafpunkte.

i) Wenn ein Spieler versäumt, für eine ausgelegte rote Drei eine Ersatzkarte zu ziehen, kann er nur verdeckt ausmachen, wenn er keine Karte abwirft.

j) Eine rote Drei darf niemals abgeworfen werden.

Austausch von Informationen

22. a) Ein Spieler darf:

1. den Abwurfhaufen untersuchen, ehe er selbst zum erstenmal abwirft (aber zu keiner anderen Zeit danach).

2. seinen Partner auf die erforderliche Mindestpunktzahl aufmerksam machen, wenn dieser im Begriff ist, seine Erstmeldung auszulegen.

3. sich beim Partner erkundigen, ob er für eine rote Drei eine Ersatzkarte gezogen hat, aber nur, solange der nächste Spieler noch keine Karte aufgenommen hat.

4. seinen Partner, der den Abwurfhaufen in Besitz genommen hat, daran erinnern, restliche Abwurfkarten aufzunehmen (siehe Regel 10 d).

b) Ein Spieler darf, wenn er an der Reihe ist, aber zu keiner anderen Zeit (Ausnahme: siehe c):

1. fragen, wie hoch die Mindestpunktzahl für die Erstmeldung seiner Partei oder seiner Gegner ist.

2. einen beliebigen anderen Spieler fragen, wie viele Karten er noch auf der Hand hält. (Diese Frage muß korrekt beantwortet werden.)

3. ankündigen, daß er nur noch eine Karte in der Hand hält.

4. zählen, wie viele Karten noch im Talon liegen. (Nach dem Zählen muß er die Anzahl nennen.)

5. die sechste Karte einer Meldung über Kreuz ablegen, um anzudeuten, daß nur noch eine Karte fehlt, um ein Canasta zu bilden.

c) Wenn ein Spieler um Erlaubnis gefragt wird auszumachen, darf er vor seiner Antwort alle Rechte aus dem obigen Absatz b in Anspruch nehmen.

Um Erlaubnis fragen auszumachen

23. a) Ein Spieler, der an der Reihe ist, darf entweder vor oder nach dem Aufnehmen einer Karte vom Talon fragen »Partner, darf ich ausmachen?« (wobei möglichst nur dieser Wortlaut verwendet werden sollte). Er darf diese Frage nicht stellen, nachdem er angedeutet hat, daß er den Abwurfhaufen aufneh-

men wird. Ein Spieler kann ausmachen, ohne diese Frage zu stellen. Auf die Frage muß der Partner mit »Ja« oder »Nein« antworten (aber mit keinem Wort mehr). Die Antwort ist bindend. Vor der Antwort kann der Partner seine Rechte aus Regel 22 c in Anspruch nehmen.

b) Stellt ein Spieler die Frage, ob er ausmachen darf, nachdem er soeben gemeldet oder eine Meldung angezeigt hat, muß er ausmachen, sofern er dazu in der Lage ist.

c) Wenn ein Spieler eine Meldung macht oder sie anzeigt, nachdem er gefragt hat, aber bevor er eine Antwort erhält, kann einer der beiden Gegner verlangen, daß der Spieler ausmacht (sofern er überhaupt dazu in der Lage ist), oder daß er nicht ausmacht. Dasselbe Recht haben die Gegner, wenn der Spieler seine Frage zurückzieht oder irgendeine weitere Information damit verbindet, oder wenn der Partner mit seiner abschlägigen Antwort irgendeine weitere Information verbindet.

d) Wenn ein Spieler nicht ausmachen kann, obwohl es nach Absatz c von ihm verlangt wurde, oder obwohl sein Partner auf die entsprechende Frage mit »Ja« antwortete, wird die betreffende Partei mit einem Abzug von 100 Punkten bestraft.

e) Wenn ein Spieler auf seine Frage »Partner, darf ich ausmachen?« eine abschlägige Antwort erhält und trotzdem versucht, alle seine Karten zu melden, muß er diese Meldungen so neuordnen, daß er wenigstens eine Karte auf der Hand behält, nachdem er eine Karte abgeworfen hat. Seine Partei erhält 100 Strafpunkte.

Die letzte Karte des Talons

24. a) Wenn ein Spieler die letzte Karte des Talons aufnimmt und dann eine Karte abwirft, ohne auszumachen, hat der nächste Spieler folgendes zu tun:

1. Er *muß* den Abwurfhaufen nehmen, wenn die soeben abgeworfene Karte an eine Meldung seiner Partei angelegt werden kann (vorausgesetzt, der Abwurfhaufen ist nicht eingefroren). Ausnahme: Wenn der Spieler nur eine einzige Karte auf der Hand hält, darf er den Abwurfhaufen nicht nehmen, wenn dieser ebenfalls nur aus einer Karte besteht (siehe Regel 14 c).

2. Er *darf* den Abwurfhaufen nehmen, wenn er nach den Regeln 13 b und 14 dazu berechtigt ist.

b) Wird der Abwurfhaufen von diesem Spieler nicht genommen, endet das Spiel. Niemand darf danach noch Meldungen auslegen. Wird der Abwurfhaufen jedoch genommen, und der betreffende Spieler wirft eine Karte ab, ohne

auszumachen, hat der folgende Spieler die gleichen Rechte und Pflichten, wie sie unter 24 a beschrieben sind. Das Spiel geht so lange weiter, bis ein Spieler ausmacht oder ein Spieler den Abwurfhaufen nicht aufnimmt.
c) Wenn kein Spieler ausmacht, werden die Punkte wie üblich berechnet, jedoch erhält niemand die Prämie für das Ausmachen.

Fehler beim Aufnehmen vom Talon

25. a) Wenn ein Spieler die oberste Karte vom Talon aufnimmt und dabei weitere Karten aufdeckt oder erkennen kann, muß er diese Karte(n) allen anderen Spielern zeigen und sie dann wieder an ihren Platz zurücklegen. (Ausnahme: Wenn ein Spieler eine rote Drei zieht und dabei nur die eine, folgende Karte aufdeckt oder erkennt, bleibt dies ohne Folgen.) Nachdem der Spieler die aufgedeckten oder erkannten Karten gezeigt und zurückgelegt hat, geht das Spiel weiter. Der erste Spieler, der danach eine Karte vom Talon aufnimmt, darf den Talon vorher mischen, wenn er es möchte.
b) Wenn ein Spieler zwei Karten vom Talon zieht und sie zu seinen Handkarten steckt, darf er nicht zugleich melden, aber er muß eine Karte abwerfen. Sobald er wieder an der Reihe ist, darf er keine Karte aufnehmen, darf jedoch nun melden und muß eine Karte abwerfen, sofern er nicht ausmacht. (Sollte eine der gezogenen Karten eine rote Drei sein, muß sie auf den Tisch gelegt werden. Die Prämienpunkte dafür erhalten die Gegner. Andere Strafen gibt es nicht.) Wenn ein Spieler mehr als zwei Karten vom Talon zieht, muß er so oft mit Melden und Aufnehmen aussetzen, wie er Karten zuviel gezogen hat.
c) Nimmt ein Spieler außer der Reihe eine Karte vom Talon auf, so gilt folgendes:

1. Wäre rechtmäßig ein Gegner an der Reihe gewesen, so muß der Spieler diesem die irrtümlich gezogene Karte zeigen, sofern er sie noch nicht zu seinen Handkarten gesteckt hat. Der Gegner kann die Karte nun nehmen oder sie zusammen mit dem Talon mischen, ehe er eine Karte aufnimmt.
2. Wäre rechtmäßig der Partner an der Reihe gewesen, so muß dieser die irrtümlich gezogene Karte nehmen, falls der Spieler sie noch nicht zu seinen Handkarten gesteckt hat. Der übernehmende Partner muß die Karte sofort melden, andernfalls muß er sie abwerfen.
3. Wurde die irrtümlich gezogene Karte bereits zu den Handkarten gesteckt, darf der betreffende Spieler keine Karte aufnehmen, wenn er rechtmäßig wieder an der Reihe ist, muß dann aber eine Karte abwerfen. Seine Partei erhält außerdem 100 Strafpunkte.

Fehler beim Aufnehmen des Abwurfhaufens

26. a) Wenn ein Spieler, der an der Reihe ist, die oberste Abwurfkarte unrechtmäßig gemeldet (entgegen den Regeln 13 b2, 14 a und 14 b) und den Rest des Abwurfhaufens zu seinen Handkarten gesteckt hat, muß er nachweisen, daß er auf andere Weise regelgerecht hätte melden können. Kann er dies nicht oder für seine Gegner nicht zweifelsfrei nachweisen, muß er sämtliche Karten aus seiner Hand offen auf den Tisch legen, so daß der Abwurfhaufen rekonstruiert werden kann. (In Zweifelfällen entscheiden die Gegner, welche der Karten zur Hand und welche zum Abwurfhaufen gehören.) Der wiederhergestellte Abwurfhaufen wird an seinen Platz gelegt, der Spieler, der den Fehler gemacht hat, nimmt seine Karten zur Hand, zieht eine Karte vom Talon und setzt das Spiel normal fort.
b) Wenn ein Spieler außer der Reihe die oberste Abwurfkarte nimmt und den Rest des Abwurfhaufens zu seinen Handkarten steckt, muß er alle Karten offen auf den Tisch legen, damit der Abwurfhaufen wiederhergestellt werden kann, wie es Regel 26a vorschreibt. Der betreffende Spieler nimmt daraufhin seine Karten wieder zur Hand, seine Partei erhält 100 Strafpunkte.

Fehlerhafte Meldungen

27. a) Wenn bemerkt wird, daß ein Spieler, der an der Reihe ist, Karten zu einer Erstmeldung ausgelegt hat, die unter der erforderlichen Mindestpunktzahl bleiben, so darf er:

1. den Fehler korrigieren, indem er weitere Karten aus der Hand meldet. Er darf dabei die fehlerhaft gemeldeten Karten neu arrangieren. (Sollte er nicht alle fehlerhaft ausgelegten Karten melden, wird Regel 27 b1 angewendet.)
2. die fehlerhaft gemeldeten Karten wieder zur Hand nehmen. Zur Strafe wird die für diese Partei erforderliche Mindestpunktzahl für die Erstmeldung um 10 Punkte erhöht. Für jeden Wiederholungsfall wird die Mindestpunktzahl erneut um 10 Punkte erhöht.

b) Wenn bemerkt wird, daß ein Spieler, der an der Reihe ist, Karten auf eine der folgenden Arten auf dem Tisch auslegt:

1. um eine nicht ausreichende Erstmeldung zu vervollständigen, wobei nicht alle ausgelegten Karten gemeldet werden können. In diesem Falle darf der Spieler die Karten, die nicht in die Meldung(en) passen, wieder zur Hand nehmen. Seine Partei erhält aber 100 Strafpunkte.
2. um auszumachen, obwohl er auf seine Frage »Partner, darf ich ausma-

chen?« eine abschlägige Antwort erhalten hat. In diesem Falle wird Regel 23 e angewendet.

3. um auszumachen, obwohl seine Partei kein Canasta hat und er auch nicht in der Lage ist, eines zu bilden. In diesem Falle erhält seine Partei 100 Strafpunkte. Der betreffende Spieler muß von den soeben gemeldeten Karten mindestens so viele wieder zur Hand nehmen, daß er eine Karte abwerfen kann und wenigstens eine Karte auf der Hand behält. (Der Spieler kann zu diesem Zweck eine komplette Meldung wieder aufnehmen oder Karten von einer Meldung an eine andere anlegen.)

4. um eine vierte wilde Karte an eine Meldung anzulegen. In diesem Fall darf er ohne Strafe die Karte auf irgendeine andere rechtmäßige Weise an eine Meldung anlegen oder sie abwerfen. Nimmt er die Karte jedoch wieder auf die Hand zurück, erhält seine Partei 100 Strafpunkte.

5. um irgendeine sonstige Meldung zu machen, die nicht den Regeln entspricht. In diesem Falle darf er die ausgelegten Karten in regelgerechte Meldungen neuordnen und eine dieser Karten abwerfen, ohne jede Strafe. Er muß jedoch ausgelegte Karten, die er nicht melden oder abwerfen kann, wieder zur Hand zurücknehmen. Für jede Karte, die er so zurücknehmen muß, erhält seine Partei 100 Strafpunkte.

Gutheißen fehlerhafter Meldungen

28. a) Wenn ein Spieler eine Meldung macht, die den Regeln nicht entspricht, so wird dieser Fehler nicht bestraft, wenn er erst entdeckt wird, nachdem der nächste Spieler eine Karte vom Talon aufgenommen oder Handkarten ausgelegt hat in der Absicht, den Abwurfhaufen zu nehmen. In diesem Falle gilt eine Erstmeldung unter der erforderlichen Mindestpunktgrenze als korrekt; Kartenkombinationen, die keine Meldung bilden, müssen wieder zur Hand zurückgenommen werden (Ausnahme: siehe Regel 27 b4).

b) Das Anlegen einer vierten wilden Karte an eine Meldung kann niemals gutgeheißen werden. Wird der Fehler erst bemerkt, nachdem der nächste Spieler eine Karte aufgenommen hat, muß die betreffende Karte jedoch auf dem Tisch liegenbleiben, bis das Spiel zu Ende ist. Dann wird sie von der Punktsumme der Partei abgezogen, als ob sie noch auf der Hand sei (siehe Regel 34 b2).

Berichtigung fehlerhafter Meldungen

29. Wenn ein Spieler eine fehlerhafte Meldung auslegt, und es wird bemerkt,

bevor der nächste Spieler eine Karte aufgenommen oder Karten aus der Hand abgelegt hat in der Absicht, den Abwurfhaufen zu nehmen, so darf der betreffende Spieler die fehlerhafte Meldung sofort berichtigen, indem er die ausgelegten Karten neu ordnet oder Karten aus der Hand hinzufügt oder beides zugleich tut. Kann er auf diese Weise alle fehlerhaft ausgelegten Karten regelgerecht melden, wird seine Partei nicht bestraft. Kann er jedoch nicht alle ausgelegten Karten in regelgerechten Meldungen unterbringen, muß er die überschüssigen Karten wieder zur Hand zurücknehmen. Seine Partei erhält in diesem Falle 100 Strafpunkte (Ausnahme: siehe Regel 27 a).

Melden außer der Reihe

30. Wenn ein Spieler außer der Reihe meldet, wird wie folgt verfahren:

a) Ist der Gegner zu seiner Rechten an der Reihe, bleiben die ausgelegten Karten auf dem Tisch, gelten aber noch nicht als gemeldet. Sie müssen gemeldet werden, sobald der betreffende Spieler dem Spielverlauf nach an der Reihe ist.
b) Ist der Gegner zu seiner Linken oder sein Partner an der Reihe, gilt das Provisorium von Absatz a; zusätzlich wird die betreffende Partei mit 100 Strafpunkten belegt.
c) Sollte ein Spiel zu Ende gehen, bevor der betreffende Spieler an die Reihe kommt, werden die ausgelegten Karten so gezählt, als ob sie auf der Hand wären.

Fehler beim Abwerfen

31. a) Wenn ein Spieler eine Karte abwirft, ohne zuvor eine aufgenommen zu haben, und dieser Fehler wird entdeckt, bevor der nächste Spieler eine Karte gezogen hat, muß der betreffende Spieler die oberste Karte vom Talon aufnehmen. Wird der Fehler erst entdeckt, nachdem der nächste Spieler eine Karte aufgenommen hat, wird er nicht mehr korrigiert und nicht bestraft (siehe Regel 28 a).
b) Wirft ein Spieler mehr als eine Karte auf einmal ab, und dieser Fehler wird bemerkt, bevor der nächste Spieler eine Karte aufgenommen hat, kann der betreffende Spieler entscheiden, welche dieser Karten er abwerfen will. Die übrigen Karten, die er versehentlich abgeworfen hatte, werden Strafkarten (siehe Regel 33).

c) Wenn ein Spieler, der an der Reihe ist, mehrere Karten abwirft, aber nicht auf einmal, sondern nacheinander, so gilt die erste dieser Karten als abgeworfen. Die anderen Karten werden Strafkarten (siehe Regel 33). Wird der Fehler erst bemerkt, nachdem der nächste Spieler eine Karte aufgenommen hat, bleibt er ohne Korrektur und ohne Strafe.

Verratene Karten

32. a) Eine Karte wird zur Strafkarte (siehe Regel 33), wenn ein Spieler sie so fallen läßt, daß sie offen liegt (mit der Bildseite nach oben), oder wenn er sie so hält, daß sein Partner ihren Wert erkennen kann, oder wenn er durch Worte oder Gesten verrät, daß er sie auf der Hand hält.
b) Wenn ein Spieler die oberste Karte des Talons aufnimmt und dabei eine oder mehrere andere Karten des Talons erkennen kann oder aufdeckt, wird Regel 25 a angewendet.
c) Wenn die erste Spielrunde beendet ist (jeder Spieler wenigstens einmal abgeworfen hat) und:

1. eine offene Karte im Talon gefunden wird, so wird sie umgedreht und zusammen mit dem Talon gemischt.
2. eine nicht zum Spiel gehörende Karte im Talon gefunden wird, so wird sie entfernt; entdeckt ein Spieler sie in seiner Hand, entfernt er sie und ersetzt sie sofort durch die oberste Karte vom Talon.
3. eine verlorengegangene Karte gefunden wird und niemand ihren Besitz beansprucht, so wird sie allen Spielern gezeigt und bis zum nächsten Geben beiseitegelegt.

Strafkarten

33. a) Strafkarten müssen mit der Bildseite nach oben auf dem Tisch liegenbleiben, gelten aber nicht als gemeldet. So oft ein Spieler an der Reihe ist, darf er eine oder mehrere seiner Strafkarten melden, sofern er dazu nach den Regeln in der Lage ist. Auf diese Weise gemeldete Karten unterliegen keiner weiteren Strafe. Kann ein Spieler nicht jede seiner Strafkarten melden, muß er eine der übrigen, ungemeldeten Strafkarten abwerfen. Hat er mehr als eine ungemeldete Strafkarte, kann er wählen, welche er abwirft.
b) In bezug auf das Melden oder Aufnehmen des Abwurfhaufens werden Strafkarten genauso behandelt wie Handkarten. Wenn das Spiel beendet wird, werden restliche Strafkarten so bewertet, als wären sie auf der Hand.
c) Wird eine wilde Karte als Strafkarte abgeworfen, gilt der Abwurfhaufen als eingefroren (siehe Regel 17 b).

Die Abrechnung

34. a) Am Ende jedes Spiels wird das Spielergebnis für jede Partei errechnet, aufgeschrieben und zum bisherigen Spielstand hinzugezählt. Die Partie ist zu Ende am Schluß jenes Spiels, in dem eine oder beide Parteien 5000 Punkte erreicht oder überschritten haben.

b) Das Ergebnis jedes Spiels setzt sich aus zwei Teilen zusammen:

1. Dem Basiswert, der sich aus der Gutschrift von Prämien und dem Abzug von Strafen bildet (siehe Regeln 15 b und 21 f).
2. Dem Punktwert, der sich aus der Gutschrift für gemeldete Karten (einschließlich der Karten in einem Canasta) und dem Abzug von ungemeldeten Karten bildet (siehe Regel 12). Enthält irgendeine Meldung (sei sie ein Canasta oder nicht) mehr als drei wilde Karten, werden die überzähligen wilden Karten vom Punktwert abgezogen, als wären sie ungemeldet. Besteht Zweifel, ob die überzählige wilde Karte ein Joker oder eine Zwei ist, werden in jedem Fall 50 Punkte abgezogen. Die betroffene Partei wird für jede solche Meldung mit 100 Punkten bestraft, aber diese Strafe wirkt sich darüber hinaus in keiner Weise auf ein Canasta aus.

c) Ein Spieler, der versehentlich seine Meldungen mit restlichen Karten vermischt, bevor er ihren Wert errechnet hat, verliert jeden Anspruch auf eine Gutschrift.

d) Ein Spieler, der versehentlich Meldungen der Gegner mit restlichen Karten vermischt, ehe ihr Wert errechnet wurde, hat kein Recht, die Angaben des Gegners über den Punktwert seiner Meldungen zu bestreiten.

Prämien

Natürliches Canasta (ohne wilde Karten) 500 Punkte;
gemischtes Canasta (eine bis drei wilde Karten) 300 Punkte;
rote Drei 100 Punkte;
vier rote Dreier bei einer Partei 800 Punkte;
Ausmachen 100 Punkte;
verdecktes Ausmachen (Hand-Canasta) 200 Punkte.

Meldepunkte

Jeder Joker 50 Punkte;
jedes As oder jede Zwei 20 Punkte;
Könige, Damen, Buben, Zehner, Neuner oder Achter je 10 Punkte;
Siebener, Sechser, Fünfer, Vierer oder schwarze Dreier je 5 Punkte.

Fehler in der Abrechnung

35. a) Wenn zwei Punktlisten geführt werden und eine ist unkorrekt, muß sie korrigiert werden, sobald der Fehler entdeckt wurde. Maßgebend ist stets die korrekte Liste.
b) Ein Rechenfehler in der Addition oder Subtraktion kann in der Liste jederzeit korrigiert werden. Wird eine solche Korrektur während eines Spiels gemacht, wird die Mindestpunktzahl für Erstmeldungen in diesem laufenden Spiel nicht nachträglich verändert.
c) Wenn das Ergebnis eines Spiels aufgeschrieben ist, kann es nach dem nächsten Geben nicht mehr geändert werden (es sei denn zur Korrektur von Rechenfehlern bei der Addition oder Subtraktion).

Anstandsregel

36. Es ist unschicklich, irgendeinen Fehler absichtlich zu begehen, unabhängig davon, ob die beschriebenen Strafen hingenommen werden oder nicht. Bei der Wiedergutmachung eines Fehlers hat der betreffende Spieler das Recht, zwischen zwei Möglichkeiten zu wählen, wann immer die Regeln dies zulassen.

Das praxisnahe Buchprogramm mit 1000 Tips für jedermann!

Falken Bücher

Verlagsverzeichnis in Kurzfassung

(Die Zahl vor dem Titel entspricht der Bestellnummer)

BRIEFSTELLER, GLÜCKWÜNSCHE UND REDEN

			DM
0060	**Der neue Briefsteller.** Von I. Wolter-Rosendorf, 112 Seiten	kart.	5,80
0231	**Musterbriefe für alle Gelegenheiten.** Herausgegeben von Olaf Fuhrmann unter Mitarbeit von H. Kirst und D. Kellermann, 248 Seiten	kart.	9,80
0114	**Privatbriefe – Behördenkorrespondenz.** Von I. Wolter-Rosendorf, 80 Seiten	kart.	4,80
0041	**Geschäftliche Briefe des Privatmannes, Handwerkers u. Kaufmannes.** Von A. Römer, 96 Seiten	kart.	5,80
0138	**Erfolgreiche Bewerbungsbriefe und Bewerbungsformen.** Von W. Manekeller, 88 S.	kart.	4,80
0173	**Die erfolgreiche Bewerbung.** Von W. Manekeller, 152 Seiten	kart.	8,80
0156	**Neue Glückwunschfibel.** Von R. Christian-Hildebrandt, 96 Seiten	kart.	4,80
0264	**Glückwünsche, Toasts und Festreden zur Hochzeit.** Von I. Wolter, 86 Seiten	kart.	4,80
0155	**Von der Verlobungsfeier bis zur goldenen Hochzeit.** Von B. Ulrici, 80 Seiten	kart.	4,80
0318	**Kindergedichte zur Grünen, Silbernen und Goldenen Hochzeit.** Von H. J. Winkler, 80 Seiten	kart.	4,80
0255	**Großes Buch der Glückwünsche.** Hrsg.: Olaf Fuhrmann, 240 S., Zeichn.	kart.	9,80
0277	**Glückwunschverse für Kinder.** Von Bettina Ulrici, 80 Seiten	kart.	4,80
0069	**Festreden und Vereinsreden.** Von K. Lehnhoff, 72 Seiten	kart.	4,80
0208	**Damenreden.** Von D. Kellermann, 96 Seiten	kart.	5,80

MEHR WISSEN UND KÖNNEN

0005	**Richtiges Deutsch in Schrift und Sprache.** Von A. Buchholz, 104 Seiten	kart.	5,80
0272	**Reden – Verhandeln – Diskutieren.** Von Georg Bauer, 112 Seiten	kart.	7,80
0076	**Die Redekunst, Redetechnik, Rednererfolg.** Von Kurt Wolter, überarbeitet von Dr. W. Tappe, 80 Seiten	kart.	4,80
0170	**Maschinenschreiben durch Selbstunterricht, Band I.** Von O. Fonfara, 84 S., Abb.	kart.	4,80
0252	**Maschinenschreiben durch Selbstunterricht, Band II.** Von Hanns Kaus, 84 S., Abb.	kart.	4,80
0274	**Tipps+Tapps.** Maschinenschreib-Fibel für Kinder. Von Hanns Kaus, 48 S., Abb.	kart.	3,80
0266	**Stenografie – leicht gelernt.** Von Hanns Kaus, 64 Seiten	kart.	5,80
0253	**Deutsch für Spanier.** Von Juan M. Puente, 136 Seiten	kart.	8,80
0254	**Deutsch für Italiener.** Von I. Nadalin, 156 Seiten	kart.	8,80
0261	**Deutsch für Jugoslawen (serbo-kroatisch).** Von I. Hladek/E. Richter, 132 Seiten	kart.	8,80
0262	**Deutsch für Türken.** Von B. I. Rasch/E. Richter, 136 Seiten	kart.	8,80
0263	**Deutsch für Griechen.** Von Dr. G. Tzounakis, 124 Seiten	kart.	8,80
0100	**Rechnen aufgefrischt.** Von H. Rausch, 108 Seiten	kart.	5,80
0127	**Buchführung leicht gefaßt.** Von R. Pohl, 104 Seiten	kart.	6,80
0224	**Trinksprüche, Richtsprüche, Gästebuchverse.** Von D. Kellermann, 80 S., Illustrat.	kart.	4,80

DEUTSCH – IHRE NEUE SPRACHE – ein Kursusprogramm für Ausländer

0327	**Deutsch, Ihre neue Sprache.** Grundbuch. Von H. J. Demetz und M. Puente, 212 S. mit etwa 200 Abb.	kart.	14,80
0328	**Deutsch, Ihre neue Sprache.** Lehrerheft	kart.	3,80
0329	**Italienisch.** Glossar	kart.	6,80
0330	**Spanisch.** Glossar	kart.	6,80
0331	**Serbo-Kroatisch.** Glossar	kart.	6,80
0332	**Türkisch.** Glossar	kart.	6,80
0333	**Griechisch.** Glossar	kart.	6,80
0334	**Portugiesisch.** Glossar	kart.	6,80
0335	**Arabisch.** Glossar	kart.	6,80

			DM
0336	**Englisch.** Glossar	kart.	6,80
0337	**Französisch.** Glossar	kart.	6,80
0338	**Tonband.** 13 cm, 9,5 cm/sec., 91 Min., Doppelspur		89,—
0339	**2 Compact-Cassetten.** 90 Min., einspurig		36,—
0340	**135 Diapositive.** Texterschließung der Lehreinheiten I–X		180,—

EHE UND FAMILIE

0251	**Vorbereitung auf die Geburt.** Schwangerschaftsgymnastik, Atmung, Rückbildungsgymnastik. Von Sabine Buchholz, 112 Seiten, 91 Fotos	kart.	6,80
0211	**Wie soll es heißen?** Von D. Köhr, 88 Seiten, Abbildungen	kart.	4,80
0287	**Kindergeburtstag.** Von Dr. Ilse Obrig, 104 S., 40 Abb., 11 Zeichn., Lieder mit Noten	kart.	5,80
0241	**Verse fürs Poesiealbum.** Von I. Wolter, 96 Seiten, 20 Abbildungen	kart.	4,80
0212	**Kleine Hochzeitsfibel.** Von I. Wolter, 96 Seiten, Abbildungen	kart.	6,80
0288	**Hochzeitszeitungen.** Von Hans-Jürgen Winkler, 104 S., 15 Abb., 1 Musterzeitung	kart.	5,80
0063	**Der gute Ton.** Von I. Wolter, 152 S., 38 Zeichn. und 8 Tabellen mit 28 Abb.	kart.	6,80
0046	**Erbrecht und Testament.** Von Dr. jur. H. Wandrey, 96 Seiten	kart.	6,80
0359	**Im Namen der Kinder.** Hrsg. Klaus Meynersen, 128 Seiten, 9 Abb.	kart.	5,—

SKETSCHE UND VORTRAGSBÜCHER

0247	**Sketsche.** Von M. Gering, 132 Seiten mit 16 Illustrationen	kart.	6,80
0091	**Vergnügliches Vortragsbuch.** Von J. Plaut, dem Altmeister des Humors, 192 Seiten	kart.	6,80
0188	**Die große Lachparade.** Von E. Müller, 108 Seiten	kart.	6,80
0149	**Lachen, Witz und gute Laune.** Von E. Müller, 104 Seiten	kart.	5,80
0157	**Humor für jedes Ohr.** Von H. Ehnle, 96 Seiten	kart.	5,80
0163	**Tolle Sachen zum Schmunzeln und Lachen.** Von E. Müller, 91 Seiten	kart.	5,80
0098	**So feiert man Feste fröhlicher.** Von Dr. Allos, 96 Seiten	kart.	5,80
0284	**Lustige Vorträge für fröhliche Feiern.** Von K. Lehnhoff, 96 Seiten	kart.	6,80
0130	**Karnevalsscherze und Büttenreden.** Von Dr. Allos, 136 Seiten	kart.	6,80
0216	**Narren in der Bütt.** Zusammengestellt von Th. Lücker, 112 Seiten	kart.	5,80
0354	**Damen in der Bütt.** Scherze, Büttenreden, Sketche. Von Traudi Müller. 120 S.	kart.	6,80
0304	**Helau und Alaaf.** Närrisches aus der Bütt. Von Erich Müller, 112 S.	kart.	6,80

WITZE

0175	**Starker Tobak – 2. Prise.** Von K. von Löcknitz, 96 Seiten, Geschenkband	gbd.	6,80
0220	**Der Stammtisch lacht.** Von D. Mann, 96 Seiten, Geschenkband	kart.	6,80
0260	**Wie hätten Sie's denn gern?** Frechheiten und Witze zum Herrenabend. Von Fred Warden, 104 Seiten, Geschenkband	gbd.	6,80
0285	**Ostfriesenwitze I.** Gesammelt und herausgegeben von Onno Freese, 80 Seiten	kart.	3,–
0286	**Ostfriesenwitze II.** Gesammelt von Enno van Rentjeborgh, 80 Seiten	kart.	3,–
0294	**Die Rache der Ostfriesen.** Von Peter Körner, 80 Seiten	kart.	3,—
0325	**Robert Lembkes Witzauslese.** 160 Seiten mit 10 Zeichn. von H. E. Köhler	gbd.	14,80

GESELLIGKEIT, DENKSPORT UND QUIZ

0120	**Fidelitas und Trallala.** Von Dr. Allos, 104 Seiten, viele Abbildungen	kart.	6,80
0200	**Wir lernen tanzen mit dem Ehepaar Fern.** Von Ernst und Helga Fern, 168 Seiten, 125 Fotos und viele Schrittdiagramme	kart.	8,80
0249	**Wir lernen Modetänze mit dem Ehepaar Fern.** Von E. Fern, 128 S., mit 109 Fotos	kart.	7,80
0165	**Lustige Tanzspiele und Scherztänze.** Von E. Bäulke, 80 Seiten, Abbildungen	kart.	4,80
0192	**Wir geben eine Party.** Von R. Christian-Hildebrandt, 84 S., 8 Kunstdrucktafeln, Abb.	kart.	5,80

DIE WELT ENTDECKEN

Hier helfen erfahrene Fachleute jungen Menschen „Die Welt entdecken“. Zündende Themen, mit modernsten Erkenntnissen aufbereitete Sachinformationen, wirklichkeitsgetreue Farbabbildungen, dazu ein Modellbauanhang bzw. Anregungen zum eigenen Experimentieren in jedem Band verlocken den Jugendlichen, sich mit seinem Interessengebiet eingehend zu beschäftigen. Ein ausführliches Sachwortregister ermöglicht ihm, auch neue Gebiete zu erforschen.

Hunde
Best.-Nr. 8015

Vorfahren des Hundes – Wölfe und Schakale – Hundeverehrung – Spuren- und Jagdhunde – Erster Hund im Weltraum – Schoßhunde und Streuner – Hunde im Dienste des Menschen – Sheepdog Trials in Australien – Hüter und Wächter

Pferde
Best.-Nr. 8016

Wildpferde – Kriegsrösser – Zugpferde – Sattel und Zaumzeug – Wagenpferde – Rodeo und Zirkus – Pferdestärken – Rennen und Springreiten – Anhang

Das Wetter
Best.-Nr. 8014

Mythen und Magie – Luftdruck – Einfluß des Wetters auf das Leben – Winde und Wellen – Monsunregen – Fluten und Katastrophen – Wirbelstürme – Fronten und Tiefs – Jetstreams – Wettervorhersagen – Wettersatelliten

Leben und Materie unter dem Mikroskop
Best.-Nr. 8017

Die ersten Mikroskope – Miniatur-Leben – Zellen – Der menschliche Körper – Präparieren – Elektronenmikroskope – Industrieforschung – Aufklärung von Verbrechen – Metalle und Mineralien – Kleinfossilien – Projekte

Leben in der Urzeit
Best.-Nr. 8013

Ursprünge des Lebens – Aus dem Meer auf das Land – Reptilien – Dinosaurier – Erste Vögel – Die Entwicklung der Säugetiere – Die ersten Menschen, ihr Leben und ihre Waffen – Erforschung der Urzeit – Fossilienfunde und ihre Datierung

Weiterhin in dieser Reihe lieferbar:

Autos
Eisenbahnen
Flugzeuge
Schiffe
Ozeane
Weltraum
Umwelt
Das Erdinnere
Bewegliche Modelle
Kommunikationen
Der menschliche Körper
Altertum

Jeder Band DM 9,80

			DM
0362	**Denksport und Schnickschnack.** Von Jürgen Barto, 100 Seiten, 50 Abb.	kart.	6,80
0129	**Quiz.** Von R. Sautter, 96 Seiten	kart.	4,80
0246	**Großes Rätsel-ABC.** Von H. Schiefelbein, 416 Seiten, Efalin-Einband	gbd.	16,—
0182	**Rätsel lösen – ein Vergnügen.** Von E. Maier, 240 Seiten	kart.	9,80
0282	**Zaubertricks.** Von Jochen Zmeck, 244 Seiten, 115 Abbildungen	kart.	9,80

HOBBY – DO-IT-YOURSELF

0353	**Münzen.** Ein Brevier für Sammler. Von E. Dehnke, 128 S., viele Abbildungen . . .	kart.	6,80
0291	**Freizeit mit dem Mikroskop.** Von Martin Deckart, 132 S., 60 Fotos u. 4 Zeichnungen	kart.	8,80
0322	**HiFi und Quadrophonie.** Von S. Spanger, 104 S., Abb.	kart.	7,80
0283	**Tonbandpraxis.** Von D. Pange, 84 Seiten, 15 Abbildungen	kart.	6,80
0342	**Schmalfilmen.** Von Uwe Ney. 100 S., viele Fotos, z. T. vierf., und Illustrationen . .	kart.	6,80
0320	**Häkeln und Makramee.** Von Dr. M. Stradal, 104 S., 243 Abb.	kart.	6,80
0205	**Stricken, häkeln, loopen.** Von Dr. M. Stradal, 96 Seiten, viele Abbildungen . . .	kart.	5,80
0185	**Selbstschneidern – mein Hobby.** Von H. Wöhlert, 128 Seiten, Abbildungen . . .	kart.	6,80
0183	**Moderne Basteleien für groß und klein.** Von I. Goldbeck, 84 S., viele Abbildungen	kart.	4,80
0269	**Das bunte Bastelbuch.** Von R. Scholz-Peters, 160 S., etwa 100 Abb., davon 40 farbig	kart.	8,80
0280	**Origami – die Kunst des Papierfaltens.** Von R. Harbin, 160 S., über 600 Zeichn.	kart.	8,80
0361	**Flugmodelle bauen und fliegen.** Von W. Thies/W. Rolf, 160 Seiten, ca. 90 Abb. und 5 Faltpläne	kart.	9,80
0243	**Heimwerker-Handbuch.** Basteln und Bauen mit elektrischen Heimwerkzeugen. Von Bernd Käsch, 192 Seiten mit 180 Fotos und Zeichnungen	kart.	9,80
0289	**Selbst tapezieren und streichen.** Von D. Heitmann u. J. Geithmann, 96 S., 49 Fotos	kart.	5,80

DIE WELT ENTDECKEN

Farbig ausgestattete Jugendsachbücher für das Alter ab 8 Jahren
Aufgenommen in die Auswahlliste des Deutschen Jugendbuchpreises:

8001	**Autos.** Von Robert Wyatt, 48 S., 150 größtenteils vierfarbige Abb.	Pbd.	9,80
8002	**Eisenbahnen.** Von Rixon Bucknall, 48 S., 126 größtenteils vierfarbige Abb. . . .	Pbd.	9,80
8003	**Flugzeuge.** Von Kenneth Munson, 48 S., 132 größtenteils vierfarbige Abb. . . .	Pbd.	9,80
8004	**Schiffe.** Von Brian Benson, 48 S., 119 größtenteils vierfarbige Abb.	Pbd.	9,80
8005	**Ozeane.** Von Keith Andrews, 48 Seiten, ca. 150 größtenteils vierfarbige Abb. . .	Pbd.	9,80
8006	**Weltraum.** Von Kenneth Gatland, 48 Seiten, ca. 150 größtenteils vierfarbige Abb. .	Pbd.	9,80
8007	**Der Mensch und seine Umwelt.** Von A. Harris, 48 S., ca. 150 größtenteils vierf. Abb.	Pbd.	9,80
8008	**Die Erforschung des Erdinnern.** Von A. Davis, 48 S., ca. 150 größtenteils vierf. Abb.	Pbd.	9,80
8009	**Bewegliche Modelle zum Selbstbasteln.** Von H. T. Sutton, 48 S., über 150 Abb.	Pbd.	9,80
8010	**Kommunikationen.** Von J. Bear, 48 S., über 140 größtenteils vierf. Abb.	Pbd.	9,80
8011	**Der menschliche Körper.** Von J. Noel, 48 S., über 120 größtenteils vierf. Abb. . .	Pbd.	9,80
8012	**Altertum.** Von C. Goff, 48 S., über 120 größtenteilsl vierf. Abb.	Pbd.	9,80
8013	**Urzeit.** Von R.-A. Gale, 48 S., über 100 größtenteils vierf. Abb.	Pbd.	9,80
8014	**Das Wetter.** Von Bill Bailey, 48 Seiten, viele farbige Abb.	Pbd.	9,80
8015	**Hunde.** Von Rex Marchant, 48 Seiten, viele farbige Abb.	Pbd.	9,80
8016	**Pferde.** Von T. Webber, 48 Seiten, weit über 100, größtenteils vierfarbige Abb. . .	Pbd.	9,80
8017	**Mikroskop.** Von P. Kirkpatrick, 48 Seiten, über 100, größtenteils vierfarbige Abb. .	Pbd.	9,80

SPORT

0065	**Jiu-Jitsu.** Von B. Kressel, 84 Seiten, 83 Abbildungen	kart.	5,80
0111	**Neue Kniffe und Griffe im Jiu-Jitsu/Judo.** Von E. Rahn, 84 Seiten, 142 Fotos . .	kart.	5,80
0314	**Karate für alle.** Von Albrecht Pflüger. 112 Seiten mit 354 Fotos	kart.	8,80
0227	**Karate – ein fernöstlicher Kampfsport Band I.** Von A. Pflüger, 136 Seiten mit über 200 Fotos und Zeichnungen	kart.	9,80
0239	**Karate — Band II.** Von A. Pflüger, 160 Seiten mit 254 Abbildungen	kart.	9,80
0248	**Aikido.** Modernste japanische Selbstverteidigung. Von Gerd Wischnewski, 132 Seiten, 250 Abbildungen	kart.	9,80
0347	**Taekwon-Do.** Von K. Gil, 152 S., 387 Fotos	kart.	12,80
0305	**Judo.** Grundlagen und Methodik. Von Mahito Ohgo, 204 S., etwa 1000 Fotos . . .	kart.	14,80
0276	**Ju-Jutsu.** Waffenlose Selbstverteidigung. Von W. Heim/F.-J. Gresch, 155 S., Abb.	kart.	9,80
3043	**Ju-Jutsu im Bild.** Von Rolf-Jürgen Krutwig, 96 Seiten, 112 Abb.	gbd.	9,80
0352	**Judo.** Go Kyo-Kampftechniken. Von M. Ohgo, 152 S., über 400 Abb.	kart.	16,80
0233	**Sicher durch Selbstverteidigung.** Von A. Pflüger, 136 S., 310 Fotos u. Zeichnungen	kart.	7,80

FALKEN BUNTE WELT

Antiquitäten

(4105) herausgegeben von Peter Philp, übersetzt von Britta Zorn, 144 Seiten mit über 250 Abbildungen, davon ca. 75 vierfarbig, Format 21 x 29 cm, gebunden, DM 19,80

Edelsteine und Mineralien

(4102) Von I. O. Evans, deutsch von K. F. Hasenklever, 128 Seiten, 140 vierfarbige und schwarz-weiße Abbildungen, gebunden, DM 19,80

Indianer

(4106) Von Royal B. Hassrick, übersetzt von Friedrich Griese, 144 Seiten mit 200 Fotos, teils in Farbe, Format 21 x 29 cm, gebunden, DM 19,80

Feuerwaffen

(4101) Von Richard Akehurst, deutsch von Elisabeth Schwarz, 128 Seiten, 170 vierfarbige und schwarz-weiße Abbildungen, gebunden, DM 19,80

Wildtiere Europas

(4104) Von Maurice Burton. Deutsche Bearbeitung Michael Geisthardt, 172 Seiten, durchgehend vierfarbig mit 230 Abbildungen, gebunden, DM 24,–

Pferde

(4103) Von Judith Campbell, deutsch von Angelika Haug, 128 Seiten, 154 vierfarbige und schwarz-weiße, zum Teil nie veröffentlichte Fotos, gebunden, DM 19,80

			DM
0321	**Gesundheit und Spannkraft durch Yoga.** Von Dr. L. Frank und U. Ebbers, 120 Seiten, 50 Fotos	kart.	6,80
0341	**Yoga für Jeden mit Kareen Zebroff.** 142 Seiten, 135 Abb.	kart.	18,—
0349	**Yoga für Mütter und Kinder.** Von Kareen Zebroff, 128 Seiten, 139 Abbildungen	kart.	18,—
3039	**Kendo im Bild.** Japanisches Schwertfechten. Von Rolf-Jürgen Krutwig, 96 Seiten, 135 Abb.	gbd.	9,80
3035	**Reiten im Bild.** Von U. Richter, 124 S., 180 Abb., Großformat	gbd.	12,80
3041	**Eislauf im Bild.** Von Manfred Schnelldorfer, 124 S., 140 Fotos	gbd.	9,80
0279	**Basketball. Übungen und Technik für Schule und Verein.** Von Chris Kyriasoglou, 116 Seiten, 186 Fotos, 164 Zeichnungen	kart.	12,80
0351	**Volleyball.** Von H. Huhle, 102 S., 100 Abb.	kart.	9,80
0343	**Golf.** Von J. C. Jessop, 160 S., 50 Fotos	kart.	14,80
0350	**Bowling.** Von L. Belissimo, 144 S., Fotos	kart.	9,80
0191	**Fibel für Kegelfreunde.** Von G. Bocsai, 80 Seiten, über 60 Abbildungen	kart.	4,80
0271	**Beliebte und neue Kegelspiele.** Von G. Bocsai, 92 Seiten, Zeichnungen	kart.	4,80
0363	**Tischtennis modern gespielt.** Von O. Brucker/T. Harangozo, 120 Seiten, 65 Abb.	kart.	9,80
0198	**Angeln.** Von E. Bondick, 96 Seiten mit über 100 Abbildungen	kart.	4,80
0324	**Sportfischen.** Von Helmut Oppel, 144 Seiten mit Fotos, Abb. und Farbtafeln	kart.	8,80
0267	**Tauchen** – Grundlagen, Training, Praxis. Von W. Freihen, 136 Seiten, 50 Fotos	kart.	9,80
0316	**Segeln.** Von H. und L. Blasy, 112 Seiten, 54 Fotos und Abb.	kart.	6,80
0366	**Gesund und fit durch Gymnastik.** Von H. Pilss-Samek, 132 S. mit 150 Abb.	kart.	7,80
0367	**Kung Fu** – Grundlagen, Technik, mit 370 Fotos. Von Bruce Tegner, deutsche Bearbeitung von Albrecht Pflüger, 182 S.	kart.	14,80
0369	**Skischule.** Von Ch. und R. Kerler, 128 Seiten mit 100 Fotos	kart.	7,80

GARTEN, PFLANZEN, TIERE UND NATUR

0300	**Ikebana Band 1: Moribana.** Von Gabriele Vocke, 160 S., 40 Vierfarbtafeln, über 50 Schwarzweißfotos und Grafiken	Ppb.	19,80
0348	**Ikebana Band 2: Nageire.** Von G. Vocke, ca. 160 S., 32 Farbtafeln	Ppb.	19,80
0319	**Arbeitsheft zum Lehrbuch IKEBANA Bd. 1.** Von G. Vocke, 79 S., zahlreiche Grafiken	kart.	6,80
0275	**Der Rasen um unser Haus.** Von Inge Manz, 96 Seiten, Abbildungen	kart.	8,80
0199	**Fibel für Kakteenfreunde.** Von H. Herold, 92 Seiten, Farbtafeln	kart.	6,80
0245	**Die farbige Kräuterfibel.** Von I. Gabriel, 196 S., 144 Abb., davon 49 farbig	kart.	12,80
0215	**Das farbige Pilzbuch.** Von Keller-Kronberger, 132 Seiten, 105 farbige Abbildungen	gbd.	8,80
0009	**Das neue Hundebuch.** Von W. Busack, überarbeitet von Dr. Hacker, 64 Seiten, zahlreiche Abbildungen auf Kunstdrucktafeln	kart.	5,80
0346	**Hundeausbildung.** Von R. Menzel, 94 S., 18 Fotos	kart.	7,80
0073	**Der deutsche Schäferhund.** Von Dr. Hacker, 104 S., viele Abb. auf Kunstdrucktafeln	kart.	6,80
0153	**Das Süßwasser-Aquarium.** Von W. Baehr, 132 S., Zeichn. und mehrfarbige Tafeln	kart.	6,80
0281	**Das Meerwasser-Aquarium.** Von Hans J. Mayland, 146 S., 200 Abb., viele vierfarbig	kart.	9,80
0290	**Vögel.** Ein Beobachtungs- und Bestimmungsbuch. Von Dr. Winfried Potrykus, 120 Seiten, 176 Abbildungen davon 160 farbig	gbd.	9,80

ESSEN, TRINKEN UND HAUSHALT

0323	**Miekes Kräuter- und Gewürzkochbuch.** Von I. Persy und K. Mieke, 96 S., 8 Farbt.	kart.	6,80
0326	**Mikrowellen-Kochen.** Von Alexander Spoerl, 80 Seiten, Zeichn. und 8 Farbtafeln	kart.	6.80
0315	**Modern Kochen.** 104 Seiten, 8 Farbtafeln	kart.	6,80
0345	**Garen im Herd.** Von E. Exner, 96 S., 9 Farbtafeln	kart.	6,80
0317	**Computer-Menüs zum Schlankwerden.** Von Dr. Maria Wagner und Ulrike Schubert, 92 Seiten, mit vielen Tabellen	kart.	6,80
0364	**Alles mit Obst.** Von M. Hoff/B. Müller, 96 Seiten, 8 Farbtafeln	kart.	6,80
0360	**Schonkost heute.** Von M. Oehlrich/U. Schubert, 140 Seiten, 8 Farbtafeln	kart.	9,80
0344	**Gesünder essen.** Schonkost. Von H. Keil, 96 S., 9 Farbtafeln	kart.	6,80
0265	**Schnell gekocht – gut gekocht.** Von Irmgard Persy, 96 Seiten, vierfarbige Tafeln	kart.	6,80
0169	**Leckereien vom Spieß oder Grill.** Von J. Zadar, 80 Seiten, Abbildungen	kart.	5,80
0222	**88 köstliche Salate.** Von Chr. Schönherr, 104 Seiten, 8 Farbtafeln	kart.	6,80
0357	**Saucen.** Von Giovanni Cavestri, 96 S., 12 Farbtafeln	kart.	7,80
0365	**Fritieren – neu.** Von Marianne Bormio, 96 Seiten	kart.	6,80
0370	**Selbst Brotbacken.** Von Jens Schiermann, 80 Seiten	kart.	6,80
0356	**Tee für Genießer.** Von Marianne Nicolin, 64 S., 4 Farbt.	kart.	5,80
0075	**Cocktails und Mixereien.** Von J. Walker, 104 Seiten, Zeichnungen	kart.	4,80
0187	**Neue Cocktails und Drinks.** Von Chr. Taylor, 84 Seiten, Zeichnung., Geschenkband	kart.	6,80

Falken farbig

Falken-farbig ist eine Auswahl praktischer und preiswerter Gebrauchsbücher, mit herrlichen Farbbildern ausgestattet. Die Titel sind besonders zum Verschenken geeignet: Für Freunde und Kollegen, für anspruchsvolle Liebhaber schöner Dinge, für Spezialisten und Hobbyisten.

Oldtimer
Von H. P. Tillenburg. Geb., DM 9,80
64 Seiten, über 50 Farbabb., Best.-Nr. 5019

Desserts und süße Leckerbissen
Von Margit Gutta. Geb., DM 9,80
64 Seiten, 38 Farbabb., Best.-Nr. 5020

Kakteen
Von Werner Hoffmann. Geb., DM 9,80
64 Seiten, 67 Farbabb., Best.-Nr. 5021

Österreichische Küche
Von Helga Holzinger. Geb., DM 9,80
64 Seiten, 35 Farbabb., Best.-Nr. 5022

Zimmerpflanzen
Von Inge Manz. Geb., DM 9,80
64 Seiten, 98 Farbabb., Best.-Nr. 5010

Fondues
Von Eva Exner. Geb., DM 9,80
64 Seiten, 20 Farbabb., Best.-Nr. 5006

Weiterhin sind in dieser Reihe erschienen:

für Hobbyköche und Genießer:

Grillen (Best.-Nr. 5001)
Salate (Best.-Nr. 5002)
Der schön gedeckte Tisch (Best.-Nr. 5005)
Chinesisch kochen (Best.-Nr. 5011)
Kalte Platten (Best.-Nr. 5015)
Französisch kochen (Best.-Nr. 5016)
Mixen (Best.-Nr. 5017)

für Garten- und Blumenfreunde:

Gärtnern für Anfänger (Best.-Nr. 5004)
Blumenpracht im Garten (Best.-Nr. 5014)

für Hobby und Freizeit:

Aquarienfische (Best.-Nr. 5003)
Heiße Öfen (Best.-Nr. 5008)
Segeln (Best.-Nr. 5009)
Die Selbermachers renovieren ihre Wohnung (Best.-Nr. 5013)
Tanzstunde (Best.-Nr. 5018)

für Kinder:

Lirum, larum, Löffelstiel (Best.-Nr. 5007)
Zeichnen und malen leicht gemacht (Best.-Nr. 5012)

GESUNDHEIT UND SCHÖNHEIT

			DM
0110	**Fibel für Zuckerkranke.** Von Dr. med. Th. Kantschew, 132 S., Zeichn. und Tab.	kart.	6,80
0106	**Die Leber- und Gallenleiden.** Von Dr. med. W. Rohrbach, Dr. med. F. Hube. 72 S.	kart.	6,80
0259	**Gesund und schön.** Kosmetikbrevier für die moderne Frau. Von Johanna Gottschalk, 120 Seiten, etwa 80 Zeichnungen und Fotos	kart.	6,80

KARTEN-, UNTERHALTUNGS- UND ANDERE SPIELE

0095	**Neues Buch der Kartenspiele.** Von K. Lichtwitz, 84 Seiten	kart.	4,80
0206	**Das Skatspiel.** Von K. Lehnhoff, bearbeitet von Alt-Skatmeister P. A. Höfges, 96 S.	kart.	4,80
0141	**Die Bridge-Fibel.** Von H. Landsberg, 144 Seiten	kart.	9,80
0104	**Das Schachspiel.** Von W. Wollenschläger, 72 Seiten, Diagramme	kart.	4,80
0219	**Taktik und Probleme des Schachspiels.** Von R. Teschner, 96 Seiten, viele Schachdiagramme	kart.	5,80
0121	**Roulette richtig gespielt.** Von M. Jung, 96 Seiten, zahlreiche Tabellen	kart.	6,80
0270	**Spiele für zwei Personen.** Von I. Wolter, 148 Seiten, viele Zeichnungen	kart.	6,80
0202	**Spiele für unsere Kleinen.** Von D. Kellermann, 84 Seiten, Skizzen und Noten . .	kart.	4,80

FALKEN FARBIG

5001	**Grillen.** Von Inge Zechmann, 64 Seiten, 38 Farbabb.	gbd.	9,80
5002	**Salate.** Von Inge Zechmann, 64 Seiten, 47 Farbabb.	gbd.	9,80
5003	**Aquarienfische des tropischen Süßwassers.** Von Hans J. Mayland, 64 Seiten, 98 Farbabb.	gbd.	9,80
5004	**Gärtnern für Anfänger.** Von Inge Manz, 64 Seiten, 38 Farbabb.	gbd.	9,80
5005	**Der schön gedeckte Tisch.** Von R. Stender, 64 S., 62 Farbabbildungen	gbd.	9,80
5006	**Fondues.** Von Eva Exner, 64 Seiten, 20 Farbabbildungen	gbd.	9,80
5007	**Lirum, larum Löffelstiel.** Ein Kinderkochkursus. Von I. Becker, 64 Seiten, 50 vierfarbige Abb. und Illustrationen, Spiralheftung	kart.	7,80
5008	**Heiße Öfen.** Von H. Briel, 64 S., 63 Farbabb.	gbd.	9,80
5009	**Segeln.** Von Horst Müller, 64 S., 40 Farbabb.	gbd.	9,80
5010	**Zimmerpflanzen.** Von I. Manz, 64 S., 98 Farbabb.	gbd.	9,80
5011	**Chinesisch kochen.** Von K.-H. Haß, 64 S., 33 Farbabb.	gbd.	9,80
5012	**Zeichnen und malen leicht gemacht.** Von C. Timm, 64 S., 120 Farbabb.	gbd.	9,80
5013	**Die Selbermachers renovieren ihre Wohnung.** Von W. Köhnemann, 148 S., viele Farbabb.	kart.	14,80
5014	**Blumenpracht im Garten.** Von Inge Manz, 64 Seiten, 93 Farbabb.	gbd.	9,80
5015	**Kalte Platten – Kalte Büfetts.** Von Margit Gutta, 64 Seiten, 33 Farbabb.	gbd.	9,80
5016	**Französisch kochen.** Von Margit Gutta, 64 Seiten, 35 Farbabb.	gbd.	9,80
5017	**Mixen mit und ohne Alkohol.** Von Holger Hofmann, 64 Seiten, 35 Farbabb. . . .	gbd.	9,80
5018	**Tanzstunde.** Von Gerhard Hädrich, 118 Seiten, ca. 370 Fotos und Schrittskizzen .	gbd.	15,–
5019	**Oldtimer.** Die technische Entwicklung des Autos. Von H. P. Tillenburg, 64 Seiten, über 50 Fotos	gbd.	9,80
5020	**Desserts und süße Leckerbissen.** Von M. Gutta, 64 Seiten mit 38 Farbabb.	gbd.	9,80
5021	**Kakteen. Herkunft, Anzucht, Pflege.** Von Werner Hoffmann, 64 Seiten mit 67 Farbabbildungen	gbd.	9,80
5022	**Österreichische Küche.** Von Helga Holzinger, 64 Seiten mit 35 Abb.	gbd.	9,80

FALKEN + ASS

2001	**Kartenspiele.** Von C. D. Grupp, 144 Seiten	kart.	7,80
2002	**Spielend Schach lernen.** Von Th. Schuster, 128 Seiten	kart.	6,80
2003	**Patiencen in Wort und Bild.** Von I. Wolter, 136 S.	kart.	7,80
2004	**Spieltechnik im Bridge.** Von V. Mollo / N. Gardener, deutsche Adaption von D. Schröder, etwa 200 Seiten	kart.	16,80
2005	**Alles über Skat.** Von G. Kirschbach, 144 Seiten	kart.	7,80
2006	**Gesellschaftsspiele für drinnen und draußen.** Von Heinz Görz, 128 S.	kart.	6,80
2007	**Würfelspiele.** Von Friedrich Pruss, 112 Seiten	kart.	6,80
2008	**Backgammon für Anfänger und Könner.** Von G. W. Fink und G. Fuchs, 112 Seiten, viele Zeichnungen	kart.	9,80
2009	**Kinderspiele, die Spaß machen.** Von H. Müller-Stein, 112 Seiten mit vielen Abb.	kart.	6,80
2010	**Kartentricks.** Von T. A. Rosée, 80 Seiten, viele Zeichnungen	kart.	5,80

Falken Sachbücher

FAMILIE UND FREIZEIT

Das Aquarium
Einrichtung, Pflege und Fische für Süß- und Meerwasser
352 Seiten mit über 200 Farbabbildungen und Farbtafeln sowie 150 Zeichnungen und Skizzen
DM 36,– (Best.-Nr. 4029)

Moderne Fotopraxis
Bildgestaltung · Aufnahmepraxis · Kameratechnik · Fotolexikon
360 Seiten mit über 200 Abbildungen, davon 50 vierfarbig
DM 29,80 (Best.-Nr. 4030)

Der praktische Hausarzt
768 Seiten, über 550 Abbildungen und 16 Farbtafeln
DM 19,80 (Best.-Nr. 4011)

Ikebana-modern
Die Kunst des Blumenarrangierens
168 Seiten, davon 40 ganzseitige Vierfarbtafeln und viele Zeichnungen, DM 36,– (Best.-Nr. 4031)

Großes Kräuter- und Gewürzbuch
608 Seiten, 40 Farbtafeln und etwa 300 Abbildungen, gebunden DM 26,– (Best.-Nr. 4026)
Eine Zusammenstellung von über 300 Kräutern und ihre Anwendung als Heilpflanzen und Gewürze

Zeitgemäße Beschäftigung mit Kindern
512 Seiten, 16 Farbtafeln,
DM 29,80 (Best.-Nr. 4025)

Basteln und werken
mit tesa – farbenfroh und kinderleicht
256 Seiten, über 300 vierfarbige Abbildungen, Pappband,
DM 22,– (Best.-Nr. 4018)

DIE GROSSEN FALKENBÜCHER

4003 **Ich bekomme ein Kind**

Von Ursula Klamroth und Wibke Bruhns unter Mitarbeit mehrerer Fachärzte. 268 Seiten, 90 Fotos und 32 Grafiken, gbd., vierfarbiger Schutzumschlag, DM 16,80

4009 **Großes Buch festlicher Reden und Ansprachen**

Eine Mustersammlung insbesondere für öffentlich-rechtliche und wirtschaftliche Veranstaltungen. Unter Mitwirkung zahlreicher Fachautoren, herausgegeben von Dipl.-Kfm. Frank Sicker. 448 Seiten, Lexikon-Format, Ganzleinen gebunden. DM 34,–

4011 **Der praktische Hausarzt**

Ein hausärztlicher Ratgeber. Unter Mitarbeit vieler Fachärzte koordiniert von Dr. Eric Weiser. 700 Seiten, über 500 Fotos und Zeichnungen sowie 16 mehrfarbige Bildtafeln. Format 17 x 24 cm, Festband, cellophanierter Schutzumschlag, DM 19,80.

Aus dem Inhalt: Bau und Funktion des menschlichen Körpers – Gesunde Lebensweise – Natürliche Hygiene des Geschlechts- und Ehelebens – Gesundheitspflege der Frau, des Säuglings und Kindes – Der kranke Mensch und seine Behandlung – Das Naturheilverfahren und praktische Ratschläge für Krankheit und Unfall – Erste Hilfe bei Unfällen – Die verschiedenen Diätformen.

4013 **Judo – Grundlagen des Stand- und Bodenkampfes**

Geschlossener Lehrgang sämtlicher Judo-Techniken von W. Hofmann. 228 Seiten, fast 600 Fotos, Großformat, gebunden DM 26,–

Wolfgang Hofmann ist Deutschlands erfahrenster Judo-Fachmann. Nach 12 deutschen und 3 Europa-Meisterschaften krönte er seine sportliche Laufbahn mit der Silbermedaille bei der Olympiade in Tokio.

4014 **Moderne Korrespondenz**

Von H. Kirst und W. Manekeller. 568 Seiten, gebunden DM 36,–

Durch bessere Briefe mehr Erfolg! Hier liegt der umfassende Ratgeber aus der Praxis für die Praxis unter Berücksichtigung aller Formen und DIN-Normen vor.

4015 **Umgangsformen heute**

Die Empfehlungen des Fachausschusses für Umgangsformen. 308 Seiten, ca. 150 Fotos und 50 Abbildungen, gebunden, DM 24,–

4018 **Basteln und werken mit tesa**

Farbenfroh und kinderleicht. Von Friedericke Baresel-Anderle. 256 Seiten, über 300 vierfarbige Abbildungen, Pappband, DM 22,–

Über 200 Bastelanleitungen für die verschiedensten Materialien: Papier, Karton, Pappe, Filz, Leder, Holz, Kreide, Draht und Metall sowie für Materialien aus der Natur und dem Haushalt.

4022 **Der große Rätselknacker**

Über 100 000 Rätselfragen. Zusammengestellt von H.-J. Winkler, 544 Seiten, Lexikonformat, kart. DM 19,80

4024 **Flugzeuge**

Von E. Angelucci, deutsche Bearbeitung von Edouard Schartz. 288 Seiten, viele Farbabbildungen, Balacron-gbd. DM 36,–
1000 Maschinen aus aller Welt mit sämtlichen technischen Daten – vom ersten Fluggerät bis zum Überschalljet.

4025 **Zeitgemäße Beschäftigung mit Kindern**

Von Ingeborg Rathmann. 496 Seiten, über 400 Abb., gebunden DM 29,80
Vielfältige Anregungen zum Spielen, Lernen und zur Unterhaltung für kleine und große Kinder.

4026 **Großes Kräuter- und Gewürzbuch**

Von Heinz Görz. 648 Seiten, über 200 Zeichnungen, farbig, geb. DM 26,–
Heilkräuter-Erkennung und ihre Anwendung, Gewürzgewinnung, Lagerung und Verarbeitung. Mit vielen Rezepten.

4027 **Preiswert kochen**

Von Eva Exner, 208 Seiten, 8 Farbtafeln, geb. DM 19,80
400 Rezepte und praktische Tips für sparsame Hausfrauen. Ratschläge für Vorratshaltung, Resteverwertung und preisgünstige Sonderangebote je nach Jahreszeit.

4028 **Karate-Do**

Das Handbuch des modernen Karate.
Von Albrecht Pflüger, 360 Seiten, über 1100 Abb., geb. DM 28,–
Eine umfassende und mit über 1100 Abbildungen illustrierte Darstellung des modernen Karate für Anfänger, Fortgeschrittene und Meister.

4029 **Das Aquarium**

Einrichtung, Pflege und Fische für Süß- und Meerwasser. Von Hans J. Mayland, 352 Seiten mit über 200 Farbabbildungen und Farbtafeln sowie 150 Zeichnungen und Skizzen, Format 19,5 x 21 cm, Balacron mit vierfarbigem Schutzumschlag, abwaschbare Polyleinprägung, DM 36,–

4030 **Moderne Fotopraxis**

Bildgestaltung – Aufnahmepraxis – Kameratechnik. Fotolexikon. Von Wolfgang Freihen, 360 Seiten mit über 200 Abbildungen, davon 50 vierfarbig, Format 19,5 x 21 cm, Balacron mit vierfarbigem Schutzumschlag, abwaschbare Polyleinprägung, DM 29,80

4031 **Ikebana modern**

Die Kunst des Blumenarrangierens. Von G. Vocke, 168 S., davon 40 ganzseitige Vierfarbtafeln und viele Zeichnungen, Format 21 x 26 cm. Ganzleinen mit vierfarbigem, cellophaniertem Schutzumschlag, DM 36,–

FALKEN BUNTE WELT

4101 **Feuerwaffen**

Von Richard Akehurst. 128 Seiten, 170 vierfarbige und schwarz-weiße Abbildungen, gebunden DM 19,80

4102 **Edelsteine und Mineralien**

Von I. O. Evans, 128 Seiten, 140 vierfarbige und schwarz-weiße Abbildungen, gebunden DM 19,80

4103 **Pferde**

Von Judith Campbell. 140 Seiten, 154 vierfarbige und schwarz-weiße Abbildungen, gebunden DM 19,80

4103 **Wildtiere Europas**

Von Maurice Burton, deutsche Bearbeitung Michael Geisthardt, 172 Seiten, 230 farbige Abbildungen, geb. DM 24,–

Die heute in Europa in freier Natur lebenden Tiere werden in einer Fülle prächtiger vierfarbiger Bilder vorgestellt.

4105 **Antiquitäten**

Von Peter Philp. 144 Seiten mit über 250 Abbildungen, davon ca. 75 vierfarbig, gebunden, DM 19,80

4106 **Indianer**

Von Royal B. Hassrick, 144 Seiten mit 200 Fotos, teils in Farbe, geb., DM 19,80

Wilhelm Busch-Ausgaben

3028	**Wilhelm-Busch-Album.** 405 Seiten, 1700 farbige Abb.	Ln.	DM 36,–
3062	**Humoristischer Hausschatz.** Von W. Busch, 368 S., 1600 Abb.	gbd.	DM 16,80
3032	**Kritik des Herzens.** Von W. Busch, 100 Seiten	gbd.	DM 9,80
3034	**Schein und Sein.** Gedichte, von W. Busch, 114 Seiten	Ln.	DM 9,80

Sonderausgaben

9041	**Das große Gartenbuch.** Von J. K. Gassner. 320 Seiten, viele ein- und mehrfarbige Abbildungen. Großformat.	gbd.	DM 12,80
9038	**Gut kochen.** Von Stefanie Michael. Über 500 Rezepte mit genauer Kalorienangabe auf 230 Seiten mit 16 Farbtafeln. . . .	gbd.	DM 9,80

Falls durch Preiserhöhungen der Lieferanten Änderungen erforderlich werden, erfolgt Auftragserledigung zu dem bei Lieferung gültigen Preis.

Alle hier genannten Preise entsprechen dem Stand bei Drucklegung dieses Verzeichnisses.

FALKEN-VERLAG · NIEDERNHAUSEN/TAUNUS

BESTELLSCHEIN (Bitte ausschneiden und als Briefdrucksache frankiert im Umschlag einsenden)

Ich bestelle hiermit aus dem Falken-Verlag Erich Sicker KG, Postfach 1120, 6272 Niedernhausen/Ts., durch die Buchhandlung:

.... Ex. ....

.... Ex. ....

.... Ex. ....

.... Ex. ....

.... Ex. ....

Name: .... Ort: ....

Beruf: .... Straße u. Nr. ....

Datum: .... Unterschrift: ....